Das bayerische Gesetz über die

Ansiedlung von Kriegsbeschädigten in der Landwirtschaft

vom 15. Juli 1916

(Bayerisches Ansiedlungsgesetz)

mit allen Vollzugsvorschriften

erläutert von

Dr. August Fürnrohr,

Rechtsanwalt in München, Intendanturassessor a. K. und Hilfsreferent im K. B. Kriegsministerium.

1917

München, Berlin und Leipzig

J. Schweitzer Verlag (Arthur Sellier).

Druck Dr. F. P. Datterer & Cie. (Arthur Sellier), München-Freising.

Vorwort.

Die vorliegende Ausgabe des Ansiedlungsgesetzes will zunächst ein praktischer Helfer und Ratgeber für alle Stellen sein, die mit dem Vollzug des Gesetzes unmittelbar oder mittelbar in Berührung kommen, und will so in ihrer Art mithelfen an dem vaterländischen Werke der Ansiedlung unserer Kriegsbeschädigten.

Zu diesem Zweck gibt das Buch eine in der Form von Bemerkungen gehaltene Erläuterung des Gesetzestextes unter Verarbeitung der zugehörigen Ausführungsvorschriften. Besonderes Gewicht ist dabei gelegt auf die Lösung der vielen bei der Handhabung des Gesetzes auftauchenden praktischrechtlichen Fragen.

Weiter aber will das Buch auch dem allgemeinen Rechtsverkehr dienen durch seine eingehende Behandlung der Verschuldungsgrenze samt ihren rechtlichen Folgerungen und Möglichkeiten. Denn dies für Bayern völlig neue Rechtsgebilde beschränkt sich ja in seinen Wirkungen nicht auf das im übrigen begrenzte Gebiet der Kriegsbeschädigtenansiedlung, sondern berührt darüber hinaus das ganze

Rechtsleben, so daß jedes Gericht, jeder Notar, Anwalt usw. mit ihrem Wesen und Wirken vertraut sein muß.

Die Einleitung bringt zunächst eine zusammenhängende Darstellung des parl amentarische Werdeganges des Gesetzes, worauf eine kurze Wiedergabe seines Inhaltes folgt. Daran schließt sich eine systematische Erörterung des Wesens und der Geschichte der Verschuldungsgrenze unter besonderer Bezugnahme auf ihr preußisches Vorbild. Den Abschluß der Einleitung endlich bildet eine Einführung in das Verfahren nach dem Ansiedlungsgesetz und in die ganze bayerische Kriegs-Ansiedlungsorganisation.

Die im Art. 5 AnsG. für entsprechend anwendbar erklärten Artikel des Landeskulturrentenanstaltsgesetzes sind im Anschluß an Art. 5 AnsG. abgedruckt und eingehend erläutert.

In einem Anhang am Ende des Buches sind die sämtlichen benötigten Vollzugsbestimmungen abgedruckt.

München, August 1917.

Der Verfasser.

Inhaltsübersicht.

Literatur.

Damaschke, Bodenreform, 13. Aufl., 1916.

Dietz, Schätzeranweisung, 1914.

Gaupp-Stein, Kommentar zur Zivilprozeßordnung, 8./9. Aufl., 1908.

Güthe, Kommentar zur Grundbuchordnung, 3. Aufl., 1913.

Haag, Das Gesetz betr. die Landeskulturrentenanstalt, 2 Aufl., 1911.

Hauck-Stör, Die Brandversicherungsgesetze für das Königreich Bayern, 4. Aufl., 1907.

Henle-Schmitt, Das Grundbuchwesen in Bayern, 1910.

Henle-Schneider, Die bayerischen Ausführungsgesetze zum Bürgerlichen Gesetzbuch, 2. Aufl., 1909.

Jaeger, Kommentar zur Konkursordnung, 5. Aufl., 1916.

Koppmann, Kapitalabfindungsgesetz, 1917.

Leweck, Das preuß. Gesetz betr. die Zulassung einer Verschuldungsgrenze für land- und forstwirtschaftlich genutzte Grundstücke, 1908.

Oertmann, Kommentar zum Bürgerlichen Gesetzbuch.
 a) Allgemeiner Teil, 2. Aufl., 1908.
 b) Recht der Schuldverhältnisse, 3./4. Aufl., 1910.

— Bayerisches Landesprivatrecht, 1903.

Olshausen, Handbuch zum Militärhinterbliebenengesetz, 1917.

Pesl, „Ansiedlungsfragen" in den Annalen des Deutschen Reichs für Gesetzgebung, Verwaltung und Volkswirtschaft, 1916, Nr. 7/9 S. 522—548, Nr. 10/12 S. 720—768.

Piloty-Sutner, Verfassungsurkunde des Königreichs Bayern, 2. Aufl., 1907.

Schelhorn, Kapitalabfindungsgesetz, 1917.

Schmidt, Die bayerische Kosten- und Stempelgesetzgebung in der Fassung des Gesetzes vom 21. August 1914, 1916.

Seuffert, Kommentar zur Zivilprozeßordnung, 11. Aufl., 1911.

Staudinger, Kommentar zum Bürgerlichen Gesetzbuch, 7./8. Aufl., 1912/14.

Steiner, Kommentar zum Gesetz über die Zwangsversteigerung und die Zwangsverwaltung, 2. Aufl., 1909.

Turnau-Förster, Liegenschaftsrecht, 3. Aufl., 1906.

Wassermann-Erlanger, Die Kriegsgesetze privatrechtlichen Inhalts, 3. Aufl., 1917.

Die Kriegsbeschädigtenfürsorge, Zeitschrift, herausgegeben vom Reichsausschuß der Kriegsbeschädigtenfürsorge.

Drucksachenmaterial der ostpreußischen Landschaft.

a) Ordentlicher 47. Generallandtag der ostpreußischen Landschaft, Vorlage 22, Entschuldungsvorlage, 2. Aufl., 1907.

b) Das Entschuldungsverfahren der ostpreußischen Landschaft, 2. Aufl., 1910.

c) 52. Generallandtag der ostpreußischen Landschaft 1916, Drucksache 5 (die gegenwärtige Lage des Kreditinstituts nebst dem Entwurf zum Haushaltplan für die drei Jahre vom 1. April 1916 bis dahin 1919).

Die Entschuldung des landwirtschaftlich genutzten Grundbesitzes unter besonderer Berücksichtigung der Entschuldungsaktion der ostpreußischen Landschaft und ihrer bisherigen Ergebnisse (Sonderabdruck aus dem Archiv des deutschen Landwirtschaftsrates, 35. Jahrgang, 1911).

Die Geschäftsberichte der K. Landeskultur-Rentenkommission für die Jahre 1910 mit 1914.

Abkürzungen.[1])

a. A.	= anderer Ansicht
AAnw.	= Ausführungsanweisung
a. a. O.	= am angeführten Orte
Abs.	= Absatz
a. E.	= am Ende
AG. BGB.	= Bayerisches Ausführungsgesetz zum Bürgerlichen Gesetzbuch
AG. GBO.	= Bayerisches Ausführungsgesetz zur Grundbuchordnung
AnsG.	= Bayerisches Gesetz über die Ansiedlung von Kriegsbeschädigten in der Landwirtschaft (= Ansiedlungsgesetz)
AV. I	= Ausführungsvorschriften des K. bayerischen Staatsministeriums des Innern vom 15. Januar 1917 Nr. 143 g 85 zum Ansiedlungsgesetz
AV. II	= Ausführungsvorschriften des bayerischen Staatsministeriums der Justiz vom 25. Juli 1916 Nr. 29401 zum Ansiedlungsgesetz
Bay.	= bayerisch
BayObLG.	= Sammlung von Entscheidungen des bayerischen Obersten Landesgerichts in Zivilsachen

[1]) Die Abkürzungen entsprechen den Vorschlägen des 27. deutschen Juristentages für die Art der Anführung von Rechtsquellen, Entscheidungen und wissenschaftlichen Werken.

Bd.	=	Band
Beil.	=	Beilage
Bem.	=	Bemerkung
BGB.	=	Bürgerliches Gesetzbuch
DAnw.	=	Dienstanweisung für die Grundbuchämter in den Landesteilen rechts des Rheins
EG. BGB.	=	Einführungsgesetz zum Bürgerlichen Gesetzbuch
FMBl.	=	Bayerisches Finanzministerialblatt
GBO.	=	Grundbuchordnung
GVBl.	=	Bayerisches Gesetz- und Verordnungsblatt
HypBankG.	=	Hypothekenbankgesetz
JMBl.	=	Bayerisches Justizministerialblatt
Instr. I	=	Instruktion über das Kasse- und Rechnungswesen der K. Grundrenten-Ablösungskasse als Landeskultur-Rentenkasse vom 13. September 1901, enthalten in der Finanzministerialentschließung vom 13. September 1901, Landeskultur-Rentenanstalt betr.
Instr. II	=	Instruktion für die K. Rentämter zum Vollzuge des Gesetzes über die Landeskultur-Rentenanstalt in der Fassung der Bekanntmachung vom 30. Mai 1900, vom 13. September 1901, enthalten in der Finanzministerialentschließung vom 13. September 1901, Landeskultur-Rentenanstalt betr.
JW.	=	Juristische Wochenschrift
KAG.	=	Kapitalabfindungsgesetz

K. d. Abg.	=	Kammer der Abgeordneten
K. d. RR.	=	Kammer der Reichsräte
KO.	=	Konkursordnung
LKRAG.	=	Gesetz betreffend die Landeskultur-Rentenanstalt
LKRAnst.	=	Landeskultur-Rentenanstalt
LKRKasse	=	Landeskultur-Rentenkasse
LKRKomm.	=	Landeskultur-Rentenkommission
MABl. KrBeil.	=	Kriegsbeilage des Amtsblattes der K. Staatsministerien des Königl. Hauses und des Äußeren und des Inneren
m. a. W.	=	mit anderen Worten
MHG.	=	Militärhinterbliebenengesetz
MVG.	=	Mannschaftsversorgungsgesetz
RG.	=	Reichsgericht
RGZ.	=	Entscheidungen des Reichsgerichts in Zivilsachen
s.	=	siehe
StenB.	=	Stenographische Berichte
u.	=	und
VBl. d. Bay. KM.	=	Verordnungsblatt des bayer. Kriegsministeriums
VGr.	=	Verschuldungsgrenze
VGrBetrag	=	Verschuldungsgrenzbetrag
ZPO.	=	Zivilprozeßordnung
ZVG.	=	Gesetz über die Zwangsversteigerung und Zwangsverwaltung.

Artikelanführungen ohne nähere Bezeichnung des Gesetzes beziehen sich stets auf das AnfG.

Einleitung.

I.

Parlamentarischer Werdegang des Gesetzes.

Das AnsG. ist das Produkt zweier ursprünglich getrennter Bestrebungen, nämlich

a) solcher agrarpolitischer Natur, soweit sie durch Förderung der ländlichen Kleinsiedelung der in bedrohlicher Weise zunehmenden Landflucht zu steuern trachteten,

b) solcher kriegsfürsorglicher Natur, soweit sie in der Seßhaftmachung unserer Kriegsbeschädigten ein für das Gemeinwohl, wie für das Einzelinteresse gleich wertvolles Fürsorgemittel für militärentlassene Kriegsbeschädigte erkannten.

Die Bestrebungen der ersteren Art hatten in Bayern durch die Novelle vom 24. März 1908 zu dem Gesetz vom 21. April 1884, betr. die Landeskultur-Rentenanstalt, nur ganz unzulängliche Erfüllung gefunden, insofern als hienach von der Landeskultur-Rentenanstalt auch zur Ansiedlung landwirtschaftlicher Arbeiter Darlehen, jedoch nur an (politische) Gemeinden gewährt werden konnten. In der Erkenntnis, daß die Einschiebung der Gemeinden, die als solche aus finanziellen Gründen alles eher als ein Interesse am Zuzug wirtschaftlich schwacher

Existenzen zeigten, den Hauptgrund für die gänzliche Unfruchtbarkeit jener Neuerung bildete, brachten in der Kammer der Abgeordneten Dr. Heim unterm 28. September 1911 und Dr. Casselmann u. Gen. unterm 6. Oktober 1911 je einen Antrag ein, der die Gemeinden als ausschließliche Darlehensnehmer ausschalten und die Gewährung von Darlehen zur Ansiedlung landwirtschaftlicher Arbeiter und Dienstboten auch unmittelbar an gemeinnützige Korporationen, ländliche Genossenschaften und Grundbesitzer ermöglichen wollte. (XXXV. Landtagsversammlung, K. d. Abg., Beil. 1215 und 1235, Bd. XV. S. 385 u. 400). Ein Erfolg war den Anträgen vorerst nicht beschieden.

Etwa in der gleichen Richtung bewegten sich die im folgenden Jahre eingebrachten Abänderungsanträge zum Landeskultur-Rentenanstaltsgesetz der Abgeordneten 1. Held, Osel, Schmid-Wolfratshausen u. Gen., 2. Frhr. v. Freyberg, Dr. Matzinger u. Gen., 3. Nimmerfall, Dr. Frhr. v. Haller u. Gen., 4. Dr. Casselmann u. Gen. (XXXVI. Landtagsversammlung, K. d. Abg., Beil. 5, 14, 26, 51, Bd. I). Ein weiterer Antrag Dr. Casselmann u. Gen. aus der gleichen Zeit bezweckte die Schaffung von Rentengütern zur Seßhaftmachung von land- und forstwirtschaftlichen Arbeitern (XXXVI. Landtagsversammlung, K. d. Abg., Beil. 21, Bd. I). Die letzteren fünf Anträge führten endlich in der Sitzung vom 17. Dezember 1915 zu folgendem Beschluß des Plenums der AbgKammer:

„Es sei die K. Staatsregierung zu ersuchen, baldmöglichst dem Landtag einen Entwurf über die Abänderung des Gesetzes vom 24. März 1908 über die Landeskultur-Rentenanstalt vorzulegen, durch welche

a) die Ansiedlung von landwirtschaftlichen Arbeitern und Dienstboten, insbesondere auch von Arbeiterfamilien, erleichtert,

b) . . . . wird.

Dabei hätte insbesondere die in Art. 15 Abs. 1 vorgesehene Haftung der Gemeinde als Zwischenglied in Wegfall zu kommen und wäre die Aufnahme tunlichst billiger Darlehen, soweit irgend tunlich an zweiter Hypothekstelle, unmittelbar gemeinnützigen Baugenossenschaften sowie einzelnen Grundbesitzern zu ermöglichen, letzterenfalls bei gegebener Gewähr für die Erreichung der genannten Zwecke.

Auch die Ausnützung der bei Güterzertrümmerungen gebotenen Gelegenheit zum Erwerb von Anwesen oder einzelnen Grundstücken wäre im Auge zu behalten, gegebenenfalls durch die Schaffung der gemeinnützigen Institution einer Länderbank unter finanzieller Beteiligung des Staates." (XXXVI Landtagsversammlung, K. d. Abg., StenB. Bd. XIII S. 245).

So hatten jene erstgenannten Bestrebungen agrarpolitischer Natur im Jahre 1915 immerhin zu einem, wenn auch vorerst bescheidenen Ergebnis geführt.

Im gleichen Jahre 1915 war allmählich mit der zunehmenden Dauer des Weltkrieges und der beständig anwachsenden Zahl der bereits vorhandenen und der noch zu erwartenden Kriegsbeschädigten das Problem der Kriegsbeschädigtenfürsorge mehr und mehr ein Gegenstand allgemeinsten Interesses geworden. Und allerorts brach sich die Erkenntnis Bahn, daß heute und künftig eine Versorgung der Kriegsbeschädigten (der Unterklassen) lediglich im Rahmen des Mannschaftsversorgungsgesetzes vom 31. Mai 1906 keinesfalls mehr den Anforderungen der Zeit entsprechen könnte. So war schon im Mai 1915 vom Reichstag dem Reichskanzler der Gedanke der

Gewährung einer Kapitalabfindung an Militärrentenempfänger nahegelegt worden. Am 20. März 1915 war unter Führung des Bundes deutscher Bodenreformer die Gründung eines „Hauptausschusses für Kriegerheimstätten" erfolgt, der rasch wachsend eine rege Werbearbeit über ganz Deutschland hin betrieb. Darauf folgte im August 1915 die Annahme einer Resolution im Reichstage, worin um baldige Vorlage eines Gesetzentwurfes zur Ansiedlung von Kriegsbeschädigten und Kriegerwitwen auf eigener Scholle mit Hilfe der Kapitalisierung eines Teiles der diesen zustehenden Bezüge ersucht wurde. Der Entwurf des KAG. wurde dann unterm 31. März 1916 dem Reichstag vorgelegt und am 3. Juni 1916 vom Reichstag angenommen (vgl. Koppmann S. 3 f).

In Bayern war ein Ergebnis des so erfolgten Zusammenflusses der beiden eingangs bezeichneten Bestrebungen der unterm 25. Mai 1916 in der Kammer der Abgeordneten eingebrachte Antrag Held, Frhr. v. Freyberg u. Gen. (XXXVI. Landtagsversammlung, K. d. Abg., Beil. 1501), der hier im Wortlaut wiedergegeben sei:

„Die Kammer wolle beschließen:

I.

Es sei an Seine Majestät den König die allerehrfurchtsvollste Bitte zu richten, dem nachfolgenden Gesetzentwurfe die Allerhöchste Genehmigung erteilen zu wollen:

Entwurf eines Gesetzes

betreffend Abänderung des Gesetzes über die Güterzertrümmerung und des Gesetzes betreffend die Landeskultur-Rentenanstalt.

Ludwig III.,

von Gottes Gnaden König von Bayern, Pfalzgraf bei Rhein, Herzog von Bayern, Franken und in Schwaben usw. usw.

Wir haben nach Vernehmung des Staatsrats mit Beirat und Zustimmung der Kammer der Reichsräte und der Kammer der Abgeordneten beschlossen und verordnen, was folgt:

Artikel 1.

Das Gesetz über die Güterzertrümmerung vom 13. August 1910 (GVBl. S. 627) erhält in Art. 3 Abs. IV folgende Fassung:

Sind mehrere Vorkaufsberechtigte vorhanden, so kann jeder das Vorkaufsrecht ausüben; Verzichtserklärung ist zulässig und sofortrechtswirksam. Kommt eine Einigung zwischen mehreren Vorkaufsberechtigten nicht zustande, so kann die Distriktsverwaltungsbehörde (Art. 2) auf Antrag bestimmen, welcher Vorkaufsberechtigte den Vorrang hat. Dabei ist der Vorrang dem zuzusprechen, welcher die größere Gewähr für die Durchführung der Zertrümmerung nach Rücksichten der Gemeinwirtschaft bietet, für die Dauer der Ansiedlung von Kriegsbeschädigten dem, welcher die Zertrümmerung zu diesem Zwecke durchzuführen bereit und in der Lage ist. Im Zweifelsfalle hat der Vorkaufsberechtigte den Vorrang, welcher die Erklärung zuerst abgegeben hat.

Artikel 2.

Im Gesetze betreffend die Landeskultur-Rentenanstalt vom 21. April 1884 beziehungsweise 24. März 1908 (GVBl. 1908 S. 227) wird

a) in Art. 14 Abs. II die Ziffer „2 ha" ersetzt durch „5 ha";
b) Art. 15 erhält folgende Fassung:

I Darlehen zur Herstellung oder gesundheitlichen Verbesserung von Kleinwohnungen für die minderbemittelte Bevölkerung oder zur Ansiedlung von landwirtschaftlichen Arbeitern oder von Kriegsbeschädigten werden in der Regel nur an gemeinnützige Vereinigungen gewährt, welche als solche vom Staatsministerium des Innern anerkannt sind.

II Das Darlehen darf 90 vom Hundert der Kosten für Grunderwerb und Bauausführung nicht übersteigen, welche die rechtsfähigen gemeinnützigen Vereinigungen, die sich mit der Erbauung, Beschaffung und Verbesserung von Wohnungen für die minderbemittelte Bevölkerung befassen (Bauvereine, Baugenossenschaften, Baugesellschaften usw.) tatsächlich zur Herstellung oder gesundheitlichen Verbesserung von Kleinwohnungsbauten aufwenden müssen.

III Die gleiche Beleihungsgrenze gilt für Unternehmungen, welche gemeinnützige Vereinigungen für die Zwecke der Ansiedlung von Kriegsbeschädigten oder von landwirtschaftlichen Arbeitern beabsichtigen.

IV Sofern Unternehmungen zum Zwecke der Beschaffung von Kleinwohnungsbauten oder der Ansiedlung von Kriegsbeschädigten oder von landwirtschaftlichen Arbeitern von den Besitzern von Grund und Boden unmittelbar durchgeführt werden wollen und die Gemeinnützigkeit des Unternehmens vom Staatsministerium des Innern anerkannt worden ist, kann solchen Grundbesitzern eine Beleihung bis zur Höchstgrenze von 75 Prozent bewilligt werden.

II.

Die K. Staatsregierung sei zu ersuchen, im Finanzgesetze den Betrag von 1 500 000 ℳ auszuwerfen, welcher im Bedarfsfalle dazu verwendet werden kann, ansiedlungslustigen Kriegsbeschädigten bei Aufnahme eines Darlehens der bayerischen Landeskulturrentenanstalt die Differenz zwischen Nominalbetrag des Darlehens und Kurswert der Rentenbriefe zu ersetzen.

III.

Das K. Staatsministerium der Finanzen sei zu ersuchen, die Verwaltung der K. Bank anzuweisen, daß sie der „Landbank" einen entsprechenden Kredit für die Durchführung ihrer gemeinnützigen Aufgaben, besonders der Ansiedlung von Kriegsbeschädigten, zum Zinsfuße von höchstens 4 Prozent gegen die übliche bankmäßige Sicherheit eröffnet.

Mit der Annahme des KAG. im Reichstage war an die Bundesstaaten die Notwendigkeit herangetreten, nunmehr ihrerseits durch landesgesetzliche, den Besonderheiten des eigenen Landes angepaßte Maßnahmen die praktische Durchführung des Ansiedlungsgedankens zu pflegen und insbesondere auch für Befriedigung des über die im Einzelfall erreichbare Kapitalabfindung hinausgehenden Ansiedlungsgeldbedarfes Sorge zu tragen. Die bayerische Staatsregierung brachte daher unterm 1. Juli 1916 in der Kammer der Abgeordneten einen vom Staatsministerium des Innern ausgearbeiteten Gesetzentwurf als Abänderungsantrag zu dem vorstehenden Antrag Held, Frhr. v. Freyberg u. Gen. ein. Dieser Gesetzentwurf, dessen Abdruck sich erübrigt, da er mit nur ganz geringfügigen Abänderungen Gesetz wurde, fand in der Plenarsitzung der Kammer der Abgeordneten vom 7. Juli 1916 als „Entwurf eines Gesetzes über die Ansiedlung von Kriegsbeschädigten in der Landwirtschaft" einstimmige Annahme (XXXVI. Landtagsversammlung K. d. Abg. StenB. Bd. XIV S. 539 bis 567). Die Kammer der Reichsräte gab ihre gleichfalls einstimmige Zustimmung in der Sitzung vom 12. Juli 1916 (XXXVI. Landtagsversammlung

K. d. RR. StenB. Bd. III S. 259—261). Am 15. Juli 1916 wurde das Gesetz vom König unterzeichnet und erlangte mit der Veröffentlichung im GVBl. 1916 Nr. 38 S. 135 ff. vom 19. Juli 1916 mit diesem Tage Gesetzeskraft (vgl. Piloty-Sutner S. 1).

Zugleich mit der Annahme des Gesetzes beschloß der Landtag, da bei der Geschäftslage eine Nachtragsforderung wegen der in Art. 7 des Gesetzes vorgesehenen Zuschüsse nicht mehr eingebracht werden konnte:

„Die K. Staatsregierung wird ermächtigt, Kriegsbeschädigten, die von der Landeskultur-Rentenanstalt Darlehen zur Ansiedlung oder zur Stärkung ihres Besitzes erhalten, einen dem Unterschiede zwischen dem Nennbetrage des Darlehens und dem wirklich erzielten Barbetrage gleichkommenden Betrag als Zuschuß zu gewähren, sowie den hiezu erforderlichen Betrag als außeretatsmäßige Ausgabe beim Etat des K. Staatsministeriums des Innern zu behandeln und die erforderlichen Deckungsmittel dem Etat der Allgemeinen Reserve zu entnehmen.“ (XXXVI. Landtagsversammlung K. d. Abg. StenB. Bd. XIV S. 568 und K. d. RR. StenB. Bd. III S. 261.)

II.

Inhalt des Gesetzes.

Das AnsG. ist eine Art Erweiterungsanbau zum BayLKRAG. vom $\frac{\text{21. April 1884}}{\text{24. März 1908}}$. Dies letztere Gesetz hatte mit der LKRAnst. eine Staatsanstalt geschaffen, die zur Förderung der Landwirtschaft für Kulturunternehmungen usw. und seit 1908 auch für Kleinwohnungsbauten gegen dingliche Sicherung zu günstigen Bedingungen Darlehen ausgibt. Das AnsG.

übernimmt nun ziemlich vollständig die technischen Bestimmungen des LKRAG. über die Verbescheidung der Darlehensgesuche, den Vollzug der bewilligten Darlehen und die Verwaltung der LKRAnst. und fügt dem Wirkungskreis der Anstalt ein neues Gebiet hinzu, indem es ihr die unmittelbare Darlehensgewährung an Kriegsbeschädigte (nicht auch Kriegerwitwen) „zur Ansiedlung in landwirtschaftlichen Betrieben oder zur Stärkung landwirtschaftlichen Besitzes“ überträgt. In Betracht kommen dabei jedoch (im Gegensatze zum KAG., das eine solche Beschränkung nicht kennt) nur Kleinbetriebe im regelmäßigen Höchstumfang von 5 ha.

Das vielgerügte Zwischenglied der gemeindlichen Haftung, das die schon seit der Novelle 1908 zum LKRAG. bestehende Möglichkeit einer Darlehensgewährung zu Zwecken der Ansiedlung landwirtschaftlicher Arbeiter zur völligen Unfruchtbarkeit verdammt hatte, ist hier gefallen. Allerdings mußte aus mehrfachen Gründen gleichzeitig auch die dort bestehende Beleihungsgrenze von 90 bzw. 100 % für Ansiedlungsdarlehen hier auf 75 % herabgesetzt werden. Eine Einbeziehung der städtischen Siedelung wurde von der Regierung mit dem Hinweis darauf abgelehnt, daß die städtische Wohnungsfürsorge Aufgabe der Gemeinden sei und letzteren zu diesem Zwecke die Mittel der LKRAnst. ohnedies schon zur Verfügung stünden.

Das Ansiedlungsdarlehen ist durch Hypothek „auf dem gesamten zur Ansiedlung bestimmten Grundbesitz einschließlich der Gebäude“ zu sichern. Diese

Hypothek ist grundsätzlich als Nachhypothek gedacht, wie ja überhaupt das Ansiedlungsdarlehen für den Regelfall nicht als primäres Hauptmittel zur Ansiedlung, sondern nur als sekundäres Ergänzungsmittel für die durch das KAG. in Bayern gebotene Ansiedlungsmöglichkeit gewollt ist. Dadurch wird aber nicht ausgeschlossen, daß die LKRAnst. bei gegebenen Voraussetzungen auch dort helfend eingreift, wo das KAG. versagt.

Das Darlehen, das vom Darlehensnehmer durch Entrichtung einer halbjährlich zahlbaren „Kulturrente“ zugleich verzinst und getilgt wird, ist für die LKRAnst. grundsätzlich unkündbar, während es vom Darlehensnehmer jederzeit unter Einhaltung einer 3 monatigen Kündigungsfrist zurückbezahlt werden kann.

Die LKRAnst. beschafft die nötigen Mittel durch Ausgabe von Schuldverschreibungen (Landeskulturrentenscheinen), die eine unter verfassungsmäßiger Gewährschaft stehende besondere Staatsschuld bilden. Der derzeitige und wohl auch auf lange Zeit noch weiter bestehende tiefe Kursstand der (3½ und 4%igen) Rentenscheine verursacht bei der Hingabe des Darlehens einen bedeutenden Kursverlust, der den Anzusiedelnden nicht wohl aufgebürdet werden konnte. Diesen Kursverlust trägt hier der Staat, indem er den Darlehensnehmern auf Antrag unverzinsliche Zuschüsse in der Höhe des Kursverlustes gewährt. Der Staat ersetzt der LKRAnst. auch alle auf Ansiedlungsdarlehen etwa entstehenden Verluste an Kapital und Zinsen.

Innerhalb des für die Ausgabe von Landeskulturrentenscheinen jeweils festgesetzten Höchstbetrages (von zurzeit 100 000 000 ℳ) dürfen vorerst Ansiedlungsdarlehen im Nennbetrage von 4 000 000 ℳ ausgegeben werden.

Ein volkswirtschaftlich wie rechtlich gleich interessantes Mittel zur wirtschaftlichen Erhaltung der angesiedelten Kriegsbeschädigten führt das Gesetz endlich mit der „Verschuldungsgrenze" ein. Hierüber Näheres unter Ziff. III.

III.

Die Verschuldungsgrenze.

Der hier nicht näher zu behandelnde Streit über den Vorzug der beschränkten oder der unbeschränkten Verschuldbarkeit des Grundbesitzes ist alt. Den ersten Versuch mit einer Beschränkung der Verschuldbarkeit machte Friedrich der Große in seiner „Konstitution von Schlesien und der Grafschaft Glatz" vom 17. Juli 1749, worin er bestimmte, daß Bauerngüter nur bis zur Hälfte verschuldet werden dürften; am 5. Mai 1769 dehnte er diese Beschränkung auch auf die Rittergüter aus (Damaschke S. 386). 1811 bis 1843 gab es in Preußen eine Verschuldungsbeschränkung von der Art, daß Bauerngüter nicht über ein Viertel ihres Wertes mit hypothekarischen Schulden belastet werden durften. Der Mißerfolg dieser Einrichtung, der 1843 zu ihrer Aufhebung führte, dürfte weniger dem Unwert jeglicher Verschuldungsbeschränkung überhaupt, als vielmehr dem übermäßigen Grad der damit getroffenen Beschränkung und weiter dem Umstande zuzuschreiben sein, daß sich jene Verschuldungsbeschränkung nur auf einen geringen Bruchteil der damals in Preußen bestehenden Bauernstellen erstreckte (vgl. Damaschke S. 176). Seit 1843 galt dann in Preußen der Grundsatz der freien Verschuldbarkeit des Grundbesitzes (Leweck S. 12 f.). Ein 1890 unternommener Versuch, für Deutschland „Heimstätten" mit beschränkter Verschuldbarkeit ($^1/_2$ des Ertragswertes) nach dem Vorbild der nordamerikanischen homesteads zu schaffen, führte zu keinem Erfolg (vgl. Pesl, Ansiedlungsfragen in den Annalen des Deutschen Reichs für Gesetzgebung, Verwaltung und Volkswirtschaft 1916 S. 524 ff.).

In Bayern bestand bisher keine gesetzliche Verschuldungsbeschränkung für den Grundbesitz; dagegen war unter der Herrschaft des Hypothekengesetzes vom 1. Mai 1822 im rechtsrheinischen Bayern bis zur Einführung des BGB. gewohnheitsrechtlich die Vereinbarung von Belastungsbeschränkungen gestattet, die durch die Eintragung in das Hypothekenbuch dingliche Wirkung erlangten (BayObLG. 6, 219; 11, 274 ff.).

Das BGB. verbietet reichsrechtlich bei Strafe der Nichtigkeit in § 1136 (der damit als lex specialis über die lex generalis des § 137 BGB. noch hinausgeht) eine Vereinbarung, durch die sich der Eigentümer eines Grundstücks dem Hypothekgläubiger als solchem gegenüber verpflichtet, das Grundstück (nicht weiter zu veräußern oder) nicht weiter zu belasten. Der Landesgesetzgebung aber blieb durch Art. 117 EG. BGB. die Möglichkeit geboten, Vorschriften zu treffen, „welche die Belastung eines Grundstückes über eine bestimmte Wertgrenze hinaus untersagen".

Die zunehmende Erkenntnis der Gefahr völlig freier Verschuldbarkeit von Grund und Boden (vgl. Damaschke S. 177—188) führte dann dazu, daß Preußen als erster deutscher Bundesstaat von der Erlaubnis des Art. 117 EG. BGB. Gebrauch machte durch Schaffung des Gesetzes vom 20. August 1906, betreffend die Zulassung einer Verschuldungsgrenze für land- oder forstwirtschaftlich genutzte Grundstücke. Dieses Gesetz ist Grundlage und Teil einer großen, hier nicht zu erörternden Entschuldungsaktion, die dort infolge der ungünstigen Lage und der zunehmenden Verschuldung des ländlichen Grundbesitzes notwendig geworden war und deren Vollzug öffentlichen Kreditanstalten übertragen wurde. Das Gesetz wurde durch Königliche Verordnungen zunächst nur für einzelne Landesteile in Kraft gesetzt; seit 1. Juli 1913 gilt es für ganz Preußen mit Ausnahme des Stadtkreises Berlin.

Die sich mit der Beleihungsgrenze der zuständigen Kreditanstalt deckende Verschuldungsgrenze kann nach dem preußischen Gesetz auf Antrag des Eigentümers auf solchen land- oder forstwirtschaftlich genutzten Grundstücken eingetragen werden, die von der betreffenden öffentlichen Kreditanstalt nach den für sie geltenden Vorschriften beliehen werden dürfen. Über den mit dem Wert des Grundstücks jeweils automatisch wechselnden und deshalb ins Grundbuch auch nicht einzutragenden Betrag der Verschuldungsgrenze hinaus hindert diese in der Hauptsache jede Eintragung von Belastungen, die — wie besonders Hypotheken, Grund- und Rentenschulden — der Geldbeschaffung dienen.

Da das Grundbuch samt Anlagen sonach weder notwendig alle Voraussetzungen für die Eintragung der Verschuldungsgrenze, noch auch den Verschuldungsgrenzbetrag ersehen läßt, muß die Kreditanstalt in der Regel eine Bescheinigung über die Zulässigkeit der Eintragung ausstellen, wenn die Verschuldungsgrenze oder bei eingetragener Verschuldungsgrenze eine neue Belastung ins Grundbuch eingetragen werden soll. — Der Zweck der preußischen Verschuldungsgrenze ist nicht die Erhaltung gerade eines bestimmten Eigentümers, sondern die wirtschaftliche Erhaltung des verschuldeten und zu entschuldenden Anwesens. Daher bleibt sie grundsätzlich auch von einer Zwangsversteigerung des Anwesens unberührt. Die Aufhebung der Verschuldungsgrenze erfolgt durch Löschung im Grundbuch nur auf Antrag des Eigentümers; hiezu ist jedoch die Genehmigung eines durch königliche Verordnung aufgestellten Kommissars erforderlich; dieser Kommissar allein darf auch von Fall zu Fall ausnahmsweise eine Überschreitung der Verschuldungsgrenze genehmigen.

Nach dem Drucksachenmaterial der Ostpreußischen Landschaft, die in Ost- und in Teilen von Westpreußen als zuständige Kreditanstalt bestimmt ist, hat sich die Verschuldungsgrenze im Rahmen der ganzen Entschuldungsaktion gut bewährt. Es wurden dort bis 1. Oktober 1915 im ganzen 104 Anwesen von zusammen 14 404 ha der Verschuldungsgrenze unterworfen (hievon umfaßt aber nur ein einziges Anwesen weniger als 5 ha!). Die Zwangsversteigerungen waren — entgegen manchen Befürchtungen — bei den der Verschuldungsgrenze unterworfenen Anwesen nicht häufiger, als im übrigen. Um die Besitzer wegen Beschaffung von Betriebskredit oder in Notfällen nicht in Verlegenheit geraten zu lassen, wurde ihnen in der Regel vor Eintragung der Verschuldungsgrenze noch die Eintragung einer angemessenen Eigentümergrundschuld freigestellt. In 66 von den 104 Fällen wurde hievon Gebrauch gemacht.

In Bayern erachtete man die Gelegenheit der Schaffung des AnsG. für geeignet, einen ersten Versuch mit der bodenreformerischen Verschuldungsgrenze nach preußischem Muster auf dem beschränkten Gebiete der Kriegsbeschädigtenansiedlung zu machen (Art. 8—12 AnsG.).

Wörtlich entnommen hat das AnsG. dem preußischen Gesetz folgende Bestimmungen:

a) Art. 8, zweite Hälfte (= § 1, zweite Hälfte des preuß. Ges.),

b) Art. 9 Abs. 1 (= § 2 Abs. 1 des preuß. Ges., nach dem jedoch der Eintragungsantrag der Form des § 29 Satz 1 GBO. bedarf, während das AnsG. die Form des § 29 Satz 2 GBO. verlangt),

c) Art. 9 Abs. 3 (= § 2 Abs. 3 des preuß. Ges.),

d) Art. 10 (= § 3 Abs. 1 und Abs. 2 Satz 1 des preuß. Ges.),

e) Art. 11 (= § 6 Abs. 1, 2, 3, Halbsatz 1 und Abs. 4 Satz 1 des preuß. Ges.).

Diese wörtlich übernommenen Bestimmungen betreffen den Eintragungsantrag und die belastungshindernde Wirkung der eingetragenen Verschuldungsgrenze.

Aus der grundlegend verschiedenen Zweckbestimmung der beiden Gesetze ergab sich aber im übrigen die Notwendigkeit grundsätzlicher Abweichungen. Während das preußische Gesetz mit seiner Verschuldungsgrenze das verschuldete und zu entschuldende Anwesen als solches erhalten und durch Verhinderung neuerlicher Verschuldung gesunden lassen will, soll mittels der Verschuldungsgrenze des bayrischen Gesetzes (eines Kriegsfürsorgegesetzes) die Person des mit Hilfe eines Ansiedlungsdarlehens angesiedelten Kriegsbeschädigten im Anwesen gefestigt und erhalten, damit zugleich allerdings auch die Sicherheit der für das Darlehen bestellten Hypothek gefördert werden. So konnte in Bayern als Kriterium für die Möglichkeit der Eintragung der Verschuldungsgrenze nicht, wie in Preußen, eine bestimmte Qualität des Grundbesitzes, sondern am besten nur das Merkmal bezeichnet werden, aus dem sich grundbuchmäßig das Vorliegen eines Ansiedlungsfalles nach dem AnsG. ergibt: die Hypothek der LKRAnst. für ihr Ansiedlungsdarlehen. Nur wenn und solange diese eingetragen ist, kann die Verschuldungsgrenze eingetragen werden und bleiben. Nachdem so die Grundlage für die Eintragungsmöglichkeit im Grundbuch enthalten ist, wurde — anders als in Preußen — zweckmäßig die ganze Frage der praktischen Wirkung der Verschuldungsgrenze dem Grundbuchrichter übertragen: auch der Verschuldungsgrenzbetrag, der sich mit der Beleihungsgrenze der LKRAnst. deckt, wird hier ins Grundbuch eingetragen. (Er kann bei Wertänderungen im Wege der Berichtigung des Grundbuchs auf Antrag des Eigentümers oder

der LKRKomm. auch wieder geändert werden). Der Grundbuchrichter hat also von Fall zu Fall selbst aus dem ganzen ihm vorliegenden Material die Zulässigkeit einer beantragten Belastungseintragung zu prüfen und darüber zu entscheiden. — Aus der oben dargelegten verschiedenartigen Zweckbestimmung beider Gesetze ergibt sich auch, daß nach dem bayerischen Gesetz die Verschuldungsgrenze bei einer Zwangsversteigerung des Anwesens wegfallen muß (nämlich auf Ersuchen des Vollstreckungsgerichts gelöscht wird), während sie in Preußen von einer Zwangsversteigerung grundsätzlich unberührt bleibt. — Gelangt die Hypothek der LKRAnst. nicht zur Entstehung oder erlischt sie, so wird die VGr. von Amts wegen gelöscht. Im übrigen aber erfolgt ihre Löschung nur auf Antrag des Eigentümers; solange das Ansiedlungsdarlehen nicht völlig zurückbezahlt ist, bedarf es hiezu der Zustimmung der LKRAnst., was seinen Grund hauptsächlich in dem Darlehenssicherungszweck der Verschuldungsgrenze hat.

Eine Veräußerung des Anwesens durch den Kriegsbeschädigten hat aus dem gleichen Grund an sich keinen Einfluß auf die Verschuldungsgrenze. Erfolgt die Veräußerung mit Genehmigung der LKRAnst., so wird diese je nach den zu treffenden Abmachungen bezüglich Rückerhalt ihres Darlehens in die Löschung der Verschuldungsgrenze willigen oder nicht. Willigt sie nicht darein oder wird das Anwesen ohne ihre Genehmigung veräußert, so bleibt die Verschuldungsgrenze auf dem Anwesen stehen und dient so zur Sicherung des Darlehens bis zu seiner völligen Tilgung. Ist das Darlehen getilgt, so kann die Verschuldungsgrenze auch ohne Zustimmung der LKRAnst. gelöscht werden.

[Auch das KAG. führt eine neue Art von Verschuldungsbeschränkung ein, indem es in § 6 bestimmt, daß die oberste Militärverwaltungsbehörde zur Sicherung der bestimmungsgemäßen Verwendung des Kapitals anordnen kann, daß die (Weiterveräußerung und) Belastung des auf Grund der Kapitalabfindung erworbenen Grundstücks innerhalb einer Frist von nicht über zwei Jahren nur mit ihrer Genehmigung zulässig sei. Diese Anordnung wird mit der — auf Ersuchen der obersten Militärverwaltungsbehörde erfolgenden — Eintragung in das Grundbuch wirksam.

Das zeitlich beschränkte Belastungsverbot nach dem KAG. und die Verschuldungsgrenze nach dem AnsG. können unter Umständen gleichzeitig nebeneinander auf dem gleichen Grundstück eingetragen sein. Während aber das Belastungsverbot nach dem KAG. nur auf den auf Grund der Abfindungssumme erworbenen Grundstücken eingetragen werden kann, setzt die Verschuldungsgrenze nach dem AnsG. nur das Bestehen einer Hypothek für ein Ansiedlungsdarlehen voraus, gleichviel ob dieses zum Erwerb oder nur zur Stärkung des landwirtschaftlichen Grundbesitzes gegeben wurde.]

IV.

Verfahren und Organisation.

Die Anträge auf Gewährung von Darlehen nach dem AnsG. sind anzubringen bei den Kreisstellen der Kriegsbeschädigtenfürsorge, die nach der Bekanntmachung des K. Staatsministeriums des Innern vom 28. Februar 1915 Nr. 300b/95, 81 bei den Kreisregierungen errichtet wurden. (Die notwendige Vermittelung des Verkehrs zwischen Kreisstelle und Antragsteller — z. B. bei der Antragsaufnahme usw. — wird in erster Linie den bei den Bezirksämtern bestehenden Bezirksfürsorgestellen oder den in den größeren Städten errichteten Ortsfürsorgestellen für Kriegsbeschädigtenfürsorge, in zweiter Linie den Gemeindebehörden zufallen.) Örtlich zuständig ist die Kreisstelle des Regierungsbezirkes, in dem der Antragsteller seinen Wohnsitz, in Ermangelung eines solchen seinen Aufenthalt hat. Hat er weder Wohnsitz noch Aufenthalt in Bayern, so wendet er sich am besten an die Kreisstelle des Regierungsbezirkes, in dem er sich anzusiedeln gedenkt.

Die Kreisstelle prüft unter allenfallsiger Zuhilfenahme der Bezirks- und Ortsfürsorgestellen die persönliche Eignung des Antragstellers zur Ansiedlung. Erscheint diese gegeben, so berät sie ihn — falls es sich nicht um Stärkung schon besessenen Grundbesitzes handelt oder der Antragsteller nicht schon selbst ein geeignetes Anwesen gewählt hat — bei der Auswahl eines Anwesens, und zwar an Hand der von der Landessiedlungsstelle (siehe unten) herausgegebenen Verzeichnisse der zum Verkauf stehenden und zur Ansiedlung geeigneten Anwesen. Ist unter Berücksichtigung der voraussichtlich verfügbaren Mittel die Wahl eines bestimmten geeigneten Anwesens getroffen, so ist der gesamte erforderliche Geldbedarf festzustellen (durch Kostenvoranschläge usw.). Die Kreisstelle ist dem Antragsteller weiter behilflich in der Frage der Geldbeschaffung, da ja vor der Bewilligung eines bestimmten Ansiedlungsdarlehens feststehen muß, wieviel von dem Gesamtgeldbedarf auf andere Weise (durch Kapitalabfindung, Belehnung durch Banken, Genossenschaften usw.) aufzubringen ist. Hat also der Antragsteller nicht bereits Antrag auf Kapitalabfindung bei seinem Bezirksfeldwebel gestellt, so wird ihn die Kreisstelle im allgemeinen dazu zu veranlassen haben, zumal ja durch diesen Antrag und den daraufhin ergehenden Bescheid des Generalkommandos ohne jede Bindung des Antragstellers nur festgestellt wird, ob er überhaupt und bis zu welcher Höhe er — vorbehaltlich des Nachweises der nützlichen Verwendung — eine Kapitalabfindung erhalten kann.

Nach Abschluß all dieser Vorverhandlungen und Beibringung der Baupläne, Grundbuchauszüge, Kostenvoranschläge, Schätzungsgutachten usw. ist der Antrag (auf Darlehensgewährung und auf Staatszuschuß nach Art. 7) von der Kreisstelle mit allen Belegen der im K. Staatsministerium des Innern errichteten Landeskultur-Rentenkommission vorzulegen.

Diese prüft das gesamte Material und kann alle weiter etwa benötigten Ergänzungen anordnen, insbesondere auch Sachverständige eidlich vernehmen lassen. Bei gegebenen Voraussetzungen bewilligt sie nunmehr das Darlehen und leitet hierauf die Verhandlungen wegen Verbescheidung des Antrages auf Gewährung eines Staatszuschusses mit ihrer Begutachtung an das K. Staatsministerium des Innern. Beide Bescheide gemeinsam werden dem Antragsteller dann durch die Kreisstelle bekannt gegeben. Die Bewilligung der LKRKomm. erfolgt in der Art, daß die Gewährung eines Darlehens von bestimmter Höhe zu dem bestimmten Zwecke zugesichert wird unter der Bedingung der vorherigen Vorlage der vollzogenen Schuldurkunden und des Nachweises der Erfüllung etwaiger weiterer von Fall zu Fall zu bestimmender Bedingungen. Dem Bescheide fügt die LKRKomm. einen Entwurf der Schuldbekenntnis- und Hypothekbestellungsurkunde bei. Mit dieser Zusicherung erlangt der Antragsteller im Rahmen des Gesetzes und der Bewilligung einen Rechtsanspruch auf die zugesicherte Darlehensgewährung. Dieser Anspruch ist ein Vermögenswert, den der Antragsteller auf mehrfache Art zum Erwerbe des Anwesens usw. verwerten kann. Die entsprechende Verwertung dieses Anspruches und der aus etwaigen Darlehensvorverträgen mit anderen Geldgebern erwachsenen Ansprüche, weiter des Anspruches auf die Kapitalabfindung (vgl. Bem. 5 zu Art. 13 LKRAG.), endlich insbesondere auch der von der Landessiedlungsgesellschaft (siehe unten) zu gewährende Zwischenkredit ermöglicht es dem Antragsteller, die Umschreibung des Anwesens im Grundbuch und die nötigen Hypotheklöschungen herbeizuführen. Nun kann er seinen Geldgebern die neuzubestellenden Hypotheken — darunter auch jene für die LKRAnst. — eintragen lassen. (V o r der Darlehensbewilligung ist eine Anwesenserwerbung und -umschreibung keinesfalls ratsam, weil es ja niemals feststeht, ob und unter welchen besonderen Bedingungen die LKR.-Komm. das erbetene Darlehen bewilligt. Erscheint aus besonderen Gründen schon v o r der Bewilligung eine vertragliche Bindung wünschenswert, so kann einstweilen der obligatorische Vertrag unter der Bedingung der nachträglichen Darlehensbewilligung abgeschlossen werden. Die Auflassung, die bedingt nicht erklärt werden darf, ebenso wie natürlich auch die Umschreibung im Grundbuch haben dann vorerst zu unterbleiben, bis die Bewilligung erfolgt ist.) Nach Vorlage der vollzogenen Schuldurkunden (bezüglich der Hypothek für das Ansiedlungsdarlehen) an die LKRKasse und Nachweis der Erfüllung der etwa sonst noch gesetzten Bedingungen veranlaßt die LKRKasse die Auszahlung des Darlehens durch das örtlich zuständige Rentamt.

Die Überwachung der angemessenen Verwendung des Darlehens obliegt der LKRKomm. Hiebei haben die Landessiedlungsstelle und die Kreisstellen für Kriegsbeschädigtenfürsorge mitzuwirken. Auch weiterhin bleibt das Anwesen unter der Kontrolle dieser Stellen. Die Landessiedlungsstelle verständigt die LKRKomm., falls ihr Wahrnehmungen bekannt werden, die zu einer Kündigung des Darlehens Anlaß geben könnten (z. B. schlechte Wirtschaftsführung, ganze oder teilweise Veräußerung des Anwesens ohne Genehmigung der LKRKomm. usw.).

Die Landessiedlungsstelle im K. Staatsministerium des Innern wurde als zentrale Stelle errichtet „zur Vorprüfung aller Ansiedlungsfragen sachlicher Natur, zur Sammlung, Sichtung, Bekanntgabe von Anwesens- und Grundstücksangeboten, zur Herbeiführung eines gleichmäßigen Vollzuges der

Ansiedlung durch die Fürsorgestellen, zur Behandlung von Fragen grundsätzlicher Art, sowie zur Bearbeitung von Richtlinien und zur Förderung der Ansiedlung in Schrift und Wort" (Ziff. 9 der AV. I). Sie will dabei ihre Tätigkeit nicht nur den Kriegsbeschädigten im Rahmen des AnsG., sondern, soweit möglich, auch den Kriegerwitwen und den Kriegsteilnehmern überhaupt zukommen lassen.

In der Hauptsache wird für bayerische Verhältnisse mangels verfügbarer Ländereien nicht eine Aufteilung von Grund und Boden und Bildung neuer Ansiedlungen, sondern mehr der Erwerb bereits vorhandener Anwesen in Frage kommen. Den Verkauf solcher freigewordener Anwesen an Kriegsbeschädigte, Kriegerwitwen und auch nicht kriegsbeschädigte Kriegsteilnehmer wird die Landessiedlungsstelle insbesondere fördern durch Herausgabe von Verzeichnissen der zur Ansiedlung geeigneten, zum Verkaufe stehenden Anwesen. Die Aufnahme eines Anwesens in das Verzeichnis erfolgt auf Grund eingehender Fragebogenerhebungen nicht nur über die unmittelbaren Qualitäten des Anwesens selbst, sondern auch über alle weiteren mit ihm verbundenen Lebens- und Wirtschaftsbedingungen (Umlagenverhältnisse, Verkehrsbedingungen usw.).

Der in Ziff. 11 der AV. I vorgesehene ausnahmsweise Erwerb von Grundbesitz für den Bayerischen Kriegsinvalidenfonds (e. V.) als Eigentümer zum Zwecke der weiteren Aufteilung und Instandsetzung wird mit Gründung der Landessiedlungsgesellschaft zu deren Aufgaben gehören.

Der Landessiedlungsstelle steht beratend zur Seite der **Landessiedlungsausschuß**. Ihm gehören an:

1. Die beteiligten Referenten der K. Staatsministerien,
2. der K. Zentralwohnungsinspektor,
3. ein Vertreter der Bay. Kriegsbeschädigtenfürsorge und des Bay. Landesausschusses der Kriegerhinterbliebenenfürsorge,
4. ein Vertreter
   a) des Bay. Landwirtschaftsrates,
   b) der Bay. Zentraldarlehenskasse,
   c) der Landwirtschaftlichen Zentralgenossenschaft des Bay. Bauernvereins für Ein- und Verkauf in Regensburg,
   d) des Verbandes ländlicher Genossenschaften Raiffeisenscher Organisation in Nürnberg,
   e) der Mittelfränkischen Kreisdarlehenskasse in Ansbach,
   f) der Bay. Landwirtschaftsbank in München,
   g) der Pfälzischen Landwirtschaftsbank in Landau (Pfalz),
   h) des Verbandes ländlicher Genossenschaften Raiffeisenscher Organisation in Ludwigshafen a. Rh.,
   i) des Bay. Landesvereins zur Förderung des Wohnungswesens,
   k) des Verbandes Bay. Baugenossenschaften, Gesellschaften und Vereine,
   l) des Bay. Baugenossenschaftskartells.

Im Bedarfsfalle können vom Staatsministerium des Innern weitere Mitglieder berufen werden. Der Landessiedlungsausschuß tritt zu seinen Beratungen jeweils auf Berufung durch den K. Staatsminister des Inneren (oder in seinem Auftrage durch den Vorsitzenden der Landessiedlungsstelle) unter dem Vorsitz des Staatsministers des Inneren oder des Vorsitzenden der Landessiedlungsstelle zusammen.

Diesen zentralen Stellen stehen als **ausführende äußere Organe** die mehrfach genannten **Kreis-**,

Bezirks- und Ortsfürsorgestellen der Kriegsbeschädigtenfürsorge gegenüber.

Als letztes, hochwichtiges Glied in der bayerischen Kriegsansiedlungsorganisation wurde am 17. Juli 1917 nach dem Vorbilde norddeutscher Siedlungsgesellschaften die Bayerische Landessiedlung G. m. b. H. mit dem Sitze in München geschaffen. Gegenstand des Unternehmens ist nach § 2 der Gesellschaftssatzung:

„Die Ansiedlung (ländliche, städtische, vorstädtische), insbesondere die Schaffung und Erhaltung von kleinbäuerlichem Besitz, von Landarbeiterstellen, von Wohnstätten, womöglich mit wirtschaftlich nutzbarer Bodenfläche, für Handwerker, Kleingewerbetreibende, Angestellte, Arbeiter, Angehörige des Mittelstandes.

Kriegsbeschädigte und Kriegerhinterbliebene sind vorzugsweise zu berücksichtigen.

Zur Durchführung der Aufgaben gehört namentlich auch der vorübergehende Erwerb von Grundstücken und von Grundschulden, Hypotheken und sonstigen Darlehensforderungen, ferner die Vermittlung von Grundstücksan- und -verkäufen, von Grundschulden, Hypotheken und sonstigen Darlehensforderungen, endlich die Förderung gemeinnütziger, der Ansiedlung dienender Einrichtungen."

Der Wirkungskreis der Gesellschaft ist örtlich, wie der des AnsG., auf Bayern beschränkt, geht sachlich aber natürlich weit über jenen des AnsG. hinaus.

Das Gesellschaftskapital (vorerst 3,5 Millionen, die demnächst nach Erledigung gewisser Formalitäten auf die vorgesehene Höhe von 5 Millionen Mark gebracht werden) wurde von Staat, Kreisgemeinden, Städten, Genossenschaften, Banken, Versicherungsgesellschaften usw. aufgebracht; die Dividende darf

5% der Geschäftsanteile nicht übersteigen. Die Aufsichtsräte der Gesellschaft üben ihr Amt als unbesoldetes Ehrenamt aus; der Vorsitzende des Aufsichtsrats und sein Stellvertreter werden vom K. Staatsministerium des Innern ernannt.

(Das K. Staatsministerium des Inneren hat zum Vorsitzenden des Aufsichtsrates den Ministerialrat in diesem Ministerium Dr. Schweyer, zugleich Vorsitzender der Landessiedlungsstelle, zu seinem Stellvertreter den Gutsbesitzer und Landtagsabgeordneten Freiherrn von Freyberg bestimmt.)

Bei dem engen Kontakt zwischen den sämtlichen Gliedern der bayerischen Kriegsansiedlungsorganisation erscheint ihr harmonisches, gedeihliches Zusammenarbeiten gewährleistet. Mit dieser Organisation als Grundlage wird eine gesunde, tatkräftige, von der Gesetzgebung geeignet unterstützte Siedlungspolitik so manchen Mißständen (Wohnungselend, Landflucht usw.) auf den Leib rücken können und müssen, die der Weltkrieg nicht erst gebracht, sondern nur verschärft und durch seine allgemeine Weckung des sozialen Volksgewissens einer endlichen Heilung wohl näher gerückt hat.

Gesetzestext.

Gesetz über die Ansiedlung von Kriegsbeschädigten in der Landwirtschaft.

(GVBl. 1916 S. 135 ff.).

Ludwig III.

von Gottes Gnaden König von Bayern, Pfalzgraf bei Rhein, Herzog von Bayern, Franken und in Schwaben usw. usw.

Wir haben nach Vernehmung des Staatsrats mit Beirat und Zustimmung der Kammer der Reichsräte und der Kammer der Abgeordneten beschlossen und verordnen, was folgt:

Art. 1. Die Landeskulturrentenanstalt kann Darlehen unmittelbar an Kriegsbeschädigte zur Ansiedlung in landwirtschaftlichen Betrieben oder zur Stärkung landwirtschaftlichen Besitzes gewähren. Als Kriegsbeschädigte gelten Personen, die aus Anlaß des gegenwärtigen Krieges auf Grund des Mannschaftsversorgungsgesetzes Anspruch auf Kriegsversorgung haben.

Das Darlehen soll in der Regel nur für Betriebe bis zur Größe von 5 Hektar und nur dann gewährt werden, wenn sich der Anzusiedelnde in persönlicher Beziehung zur Ansiedlung eignet oder wenn die Stärkung des Besitzes dauernd gewährleistet erscheint.

Art. 2. Das Darlehen darf die ersten Dreiviertel des Wertes des Grundstücks nicht übersteigen; ist bei Neuansiedlungen der Betrag der Kosten des Grunderwerbes und der Bauausführung geringer als der Wert des Grundstücks, so dürfen drei Viertel dieses Betrags nicht überschritten werden.

Art. 3. Die Darlehen sind von dem auf die Darlehenshingabe folgenden Kulturrententermin angefangen mit einem Betrage zu verzinsen, welcher dem jeweiligen Zinssatze der aus Anlaß der Darlehenshingabe ausgegebenen Landeskulturrentenscheine gleichkommt, und durch Zahlung eines jährlichen Zuschlags von mindestens eins vom Hundert der ursprünglichen Darlehenssumme zu tilgen.

Art. 4. Zur Sicherung des Darlehens und der Zins- und Tilgungsbeträge ist Hypothek auf dem gesamten zur Ansiedlung bestimmten Grundbesitz einschließlich der Gebäude an nächst offener Stelle zu bestellen dergestalt, daß die Hypothek die in Art. 2 bestimmte Höchstgrenze nicht übersteigt.

Art. 5. Im übrigen finden die Bestimmungen in Art. 3, 4, 5, 6 Abs. II bis IV, 11, 13, 23 bis 32 des Gesetzes über die Landeskulturrentenanstalt in der Fassung vom 31. März 1908 (GVBl. S. 235) mit den in den nachfolgenden Artikeln enthaltenen Maßgaben entsprechende Anwendung.

Art. 6. Die Landeskulturrentenanstalt ist außer den Fällen des Art. 5 des Gesetzes über die Landeskulturrentenanstalt berechtigt, die gewährten Darlehen unter Einhaltung einer Kündigungsfrist von 6 Monaten zu kündigen:

1. wenn das mit dem Darlehen erstellte Anwesen seiner Zweckbestimmung entzogen wird oder entzogen zu werden droht, insbesondere wenn
   a) unterlassen wird, das Anwesen ständig in ordnungsmäßiger Weise zu bewirtschaften und den hiezu erforderlichen Viehstand zu halten,
   b) wenn das Anwesen ohne Genehmigung der Landeskulturrentenkommission aufgeteilt, zusammengelegt, verkauft oder vertauscht wird,
2. wenn der Darlehensnehmer unterläßt, die öffentlichen Gefälle und die Zinsen für die vorhergehenden Hypotheken rechtzeitig zu entrichten,
3. wenn der Darlehensnehmer unterläßt, die Gebäude in der staatlichen Brandversicherung in dem höchstzulässigen Umfange versichert zu halten.

Art. 7. Der Staat kann zur Ergänzung des bei der Aufnahme eines Landeskulturrentendarlehens erzielten Barbetrags auf den Nennbetrag des Darlehens entsprechende Zuschüsse gewähren.

In diesem Falle ist die Rückzahlung des Darlehens in Landeskulturrentenscheinen ausgeschlossen.

Art. 8. Ein Grundstück, auf dem eine Hypothek für ein Darlehen der im Art. 1 bezeichneten Art eingetragen ist, kann nicht über die in Art. 2 bezeichnete Grenze hinaus mit Hypotheken, Grundschulden und Rentenschulden oder mit beständigen oder für eine bestimmte Zeit zu entrichtenden festen Geldrenten belastet werden, wenn diese Beschränkung (Verschuldungsgrenze) im Grundbuch eingetragen ist.

Art. 9. Die Eintragung der Verschuldungsgrenze erfolgt auf den Antrag des Eigentümers. Der Antrag bedarf der im § 29 Satz 2 der Grundbuchordnung bestimmten Form.

In der Eintragung ist der Betrag, bis zu welchem die Belastung zulässig ist, anzugeben. Die Landeskulturrentenkommission hat dem Grundbuchamt auf dessen Ersuchen diesen Betrag mitzuteilen.

Beantragt der Eigentümer die Eintragung einer gemeinsamen Verschuldungsgrenze für mehrere Grundstücke, so gilt dies zugleich als Antrag auf Vereinigung dieser Grundstücke im Sinne des § 890 Abs. 1 des Bürgerlichen Gesetzbuchs.

Art. 10. Die Verschuldungsgrenze gilt auch für die Eintragung von Sicherungshypotheken im Wege der Zwangsvollstreckung oder der Arrestvollziehung wegen Geldforderungen.

Ohne Rücksicht auf die Verschuldungsgrenze können jedoch solche Sicherungshypotheken eingetragen werden, wenn die Forderung schon vor der Eintragung der Verschuldungsgrenze gegen den Eigentümer, auf dessen Antrag sie erfolgt ist, bestanden hat und die Eintragung der Sicherungshypothek binnen drei Jahren nach der Eintragung der Verschuldungsgrenze oder falls die Forderung erst später fällig geworden ist, binnen drei Jahren nach dem Eintritte der Fälligkeit beantragt wird.

Art. 11. Bei der Feststellung der Zulässigkeit der Belastung kommt eine Hypothek mit dem Kapital- oder Höchstbetrag, eine Grundschuld mit dem Kapitalbetrag, eine Rentenschuld mit dem Betrage der Ablösungssumme, eine Geldrente mit dem 25fachen Jahresbetrag und, wenn der Gesamtbetrag der Rentenleistungen geringer ist, mit diesem Betrage zur Anrechnung.

Bedingte Rechte sind wie unbedingte, Widersprüche oder Vormerkungen sind wie die durch sie zu sichernden Rechte zu behandeln.

Ein Recht, mit dem noch ein anderes Grundstück belastet ist oder belastet werden soll, ist zu seinem vollen Betrag anzurechnen.

Vorgehende Rechte anderer als der im Abs. 1 bezeichneten Art bleiben außer Betracht.

Art. 12. Die Verschuldungsgrenze fällt weg:

1. wenn das Grundstück im Zwangswege versteigert wird,
2. wenn der Eigentümer die Aufhebung der Verschuldungsgrenze beantragt. Solange das Darlehen der Landeskulturrentenanstalt nicht getilgt ist, ist zur Aufhebung die Zustimmung der Landeskulturrentenkommission erforderlich.

Art. 13. Ausfälle an Kapital und Zinsen bei den nach Maßgabe dieses Gesetzes gewährten Landeskulturrentendarlehen sind der Landeskulturrentenanstalt von der Staatskasse zu ersetzen.

Art. 14. Die Staatsregierung wird ermächtigt, innerhalb des jeweils durch Gesetz für die Ausgabe von Landeskulturrentenscheinen festgesetzten Höchstbetrags Darlehen nach Maßgabe dieses Gesetzes bis zum Gesamtbetrage von zunächst 4 Millionen Mark zu gewähren.

Art. 15. Die Vorschriften zur Ausführung dieses Gesetzes, insbesondere über das Verfahren hinsichtlich der Darlehensgesuche und der Prüfung der persönlichen Eignung des Gesuchstellers werden durch die beteiligten Staatsministerien erlassen.

Gegeben zu Leutstetten, den 15. Juli 1916.

Ludwig.

Dr. Graf v. Hertling. Dr. Frhr. v. Soden-Fraunhofen. v. Thelemann. v. Breunig. v. Seidlein. Dr. v. Knilling. Frhr. v. Kreß.

Auf Allerhöchsten Befehl:
Der Ministerialrat
im K. Staatsministerium des Innern:
Knözinger.

Erläuterungen zum bayerischen Ansiedlungsgesetz.

Art. 1.

I Die Landeskulturrentenanstalt kann Darlehen unmittelbar an Kriegsbeschädigte zur Ansiedlung in landwirtschaftlichen Betrieben oder zur Stärkung landwirtschaftlichen Besitzes gewähren. Als Kriegsbeschädigte gelten Personen, die aus Anlaß des gegenwärtigen Krieges auf Grund des Mannschaftsversorgungsgesetzes Anspruch auf Kriegsversorgung haben.

II Das Darlehen soll in der Regel nur für Betriebe bis zur Größe von 5 Hektar und nur dann gewährt werden, wenn sich der Anzusiedelnde in persönlicher Beziehung zur Ansiedlung eignet oder wenn die Stärkung des Besitzes dauernd gewährleistet erscheint.

1. Die LKRAnst. ist eine öffentliche Wohlfahrtsanstalt; sie ist Staatsanstalt (Art. 1 LKRAG.), ihr Vermögen Staatsgut; als statio fisci besitzt sie keine selbständige, von dem Bay. Landesfiskus getrennte Rechtspersönlichkeit (vgl. Oertmann, Bay. Landesprivatrecht S. 86).

Ihr Organ zur Prüfung und Bescheidung der Gesuche um Darlehen, zur Bewirkung des Darlehensvollzuges und zur Überwachung der Darlehensverwendung ist die im K. Staatsministerium des Innern gebildete Landeskultur-Rentenkommission (Art. 3, 5, 6, 8, 11, 12, 13 LKRAG.). Das gilt auch für das Gebiet des AnsG. (Art. 5, 1, 6, 9 AnsG., Ziff. 4, 5 der AB. I, s. Anhang).

Die rechtliche Vertretung der LKRAnst. (also des Fiskus) in den Rechtsverhältnissen, die zwischen ihr und den Darlehensnehmern aus den bewilligten oder vollzogenen Darlehen entstehen, führen — unbeschadet der oben bezeichneten Befugnisse der LKRKomm. — die Kreisregierungen, Kammern der Finanzen. (Königliche Verordnung vom 8. Februar 1911 zum Vollzuge des Gesetzes über die LKRAnst. § 6, GVBl. S. 77, s. Anhang S. 153.)

Über die rechtliche Vertretung des Staates (Fiskus) als Schuldners der von der LKRAnst. ausgegebenen Schuldverschreibungen vgl. Bem. 4 zu Art. 29 LKRAG.

2. Während nach Art. 15 LKRAG. von der LKRAnst. Darlehen zur Ansiedlung von landwirtschaftlichen Arbeitern nur an die Gemeinden als Darlehensnehmer gewährt werden können, fällt hier dieses besonders bei den kleinen ländlichen Gemeinden jede Ansiedlung hemmende Zwischenglied weg (vgl. auch Einleitung S. 1 ff.). Die für das Gebiet des AnsG. gebotene Möglichkeit der unmittelbaren Darlehensgewährung nimmt den Gemeinden auch die Macht, derartige Ansiedlungen mit Rücksicht auf etwaige künftige Armenlasten usw. zu hintertreiben. — Das AnsG. sieht für die Kriegsbeschädigtenansiedlung nur die unmittelbare Darlehensgewährung vor. Die Fassung „... kann Darlehen unmittelbar ... gewähren" ist nicht etwa dahin zu deuten, daß nur neben einer mittelbaren Darlehensgewährung (etwa an Gemeinden, gemeinnützige Genossenschaften usw.) auch eine unmittelbare Darlehensgewährung an die Kriegsbeschädigten selbst erfolgen könne; vielmehr will der Ausdruck „kann ... gewähren" nur das Fehlen eines Rechtsanspruches auf die Darlehensgewährung zum Ausdruck bringen (vgl. auch unten Bem. 14); die Vorschrift der unmittelbaren Darlehenshingabe ist also hier zwingend.

3. a) Darlehen nach dem AnsG. können nur an Kriegsbeschädigte gewährt werden. Bestrebungen, die Wohltat des Gesetzes auch den Kriegerwitwen und allgemein den Kriegsteilnehmern zugute kommen zu lassen, sind an dem Widerstande der Staatsregierung gescheitert. (Aus mehrfachen regierungsseitigen Äußerungen im Landessiedlungsausschuß und bei den Beratungen des Landtags in seiner außerordentlichen Tagung 1917 ist zu entnehmen, daß die eigentlich nicht recht zu begründende Auslassung der Kriegerwitwen durch eine Änderung des Gesetzes in absehbarer Zeit wohl korrigiert werden wird. — Selbstverständlich sind die nichtkriegsbeschädigten Kriegsteilnehmer und die Kriegerwitwen in Bayern nicht schlechthin von der Ansiedlung ausgeschlossen; sie können zu diesem Zwecke nur keine Darlehen von der LKRAnst. erhalten; dagegen wird ihre Ansiedlung mit Hilfe sonst zu erlangender Mittel von der Landessiedlungsstelle und der neugegründeten Landessiedlung G. m. b. H. [vgl. Einleitung S. 25] nach Kräften gefördert.)

b) Als Kriegsbeschädigte gelten Personen, die aus Anlaß des gegenwärtigen Krieges auf Grund des Mannschaftsversorgungsgesetzes vom 31. Mai 1906 Anspruch auf Kriegsversorgung haben.

Alle Offiziere, Beamten usw., deren Versorgung sich nach dem Offizierspensionsgesetze vom 31. Mai 1906 bestimmt, fallen nicht unter das AnsG. Zu den demnach für die Darlehensgewährung allein in Betracht kommenden Personen der Unterklassen des Soldatenstandes gehören (vgl. des Näheren die Tabelle über die Dienstgradeinteilung, Anlage 13 zum III. Teil der Pensionierungsvorschrift für das Bayr. Heer vom 25. Januar 1913, abgedruckt bei Koppmann S. 235 ff., Schelhorn S. 31 f.) die Feldwebel, Unteroffiziere, Gemeinen, Schiffsjungen, Schiffsjungenunteroffiziere, Feldunterärzte, militärdienstpflichtigen Feldeisenbahnbediensteten (Näheres hiezu Olshausen, Anm. 2g zu § 12 S. 62), das auf dem Kriegsschauplatz oder im Etappengebiet verwendete (auch weibliche) Personal der freiwilligen Krankenpflege (§ 44 MVG.), die Offiziers- und Beamtenstellvertreter (VBl. des BayKM. 1915 S. 388 § 5 und S. 1047/48); nicht hiezu gehören die Feldwebelleutnants (VBl. des Bay.-KM. 1915 S. 385 Ziff. 4), Feldhilfsärzte und Feldhilfsveterinäre (VBl. des BayKM. 1916 S. 359 Ziff. 5), Deckoffiziere der Marine (§ 50 MVG.), Deckoffizierleutnants und Deckoffizieringenieure.

c) Anspruch auf Kriegsversorgung nach dem MVG. aus Anlaß des gegenwärtigen Krieges haben bei der Entlassung aus dem Heeresdienst die zur Klasse der Unteroffiziere und Gemeinen (Unterklassen) zählenden Personen des Soldatenstandes des Reichsheeres, der Marine und der Schutztruppen, sowie das auf dem Kriegsschauplatz oder im Etappengebiet verwendete (auch weibliche) Personal der freiwilligen Krankenpflege, wenn und solange ihre Erwerbsfähigkeit infolge einer durch den gegenwärtigen Krieg (vgl. Koppmann S. 23) herbeigeführten Dienstbeschädigung aufgehoben oder um wenigstens 10% gemindert ist (§§ 1, 14, 44, 49, 63 MVG.).

Daß der Anspruch auf Kriegsversorgung im Zeitpunkt der Darlehensbewilligung (Art. 11 Abs. 2 LKRAG.) von den militärischen Behörden bereits anerkannt sein müsse, steht zwar — im Gegensatz zum KAG. (§ 2 Ziff. 2 daselbst) — nicht ausdrücklich im Gesetz. Da aber ohne Anerkennung des Anspruchs seitens der Militärbehörden oder rechtskräftiges Urteil nicht feststeht, ob jemand Anspruch auf Kriegsversorgung hat, so muß hier das gleiche wie beim KAG. gelten, d. h. der Anspruch auf Kriegsversorgung nach dem MVG. aus Anlaß des gegenwärtigen Krieges muß im Zeitpunkte der Darlehensbewilligung von den Militärbehörden anerkannt oder gerichtlich rechtskräftig festgestellt sein.

Wer aus dem Heeresdienst noch nicht endgültig entlassen, sondern z. B. nur vorläufig beurlaubt ist, kann sonach keinesfalls ein Darlehen nach dem AnsG. bewilligt erhalten. Er kann zwar wohl bereits den Antrag auf Darlehensgewährung stellen und es kann dieser Antrag vielleicht schon vorbereitet werden, die Darlehensbewilligung (Zusicherung) nach Art. 11 Abs. 2 LKRAG. jedoch kann erst nach Anerkennung oder rechtskräftiger Feststellung des bezeichneten Anspruchs erfolgen. Ist der Kriegsbeschädigte aber einmal entlassen und sein Anspruch auf Kriegsversorgung anerkannt bzw. festgestellt, so besteht eine Frist, innerhalb deren der Antrag auf Gewährung eines Ansiedlungsdarlehens gestellt werden müßte, nicht.

d) Wer einen anerkannten Anspruch auf Kriegsversorgung nach dem MVG. hat, bezieht mindestens die Militärrente (§ 1 MVG.) **und** die Kriegszulage (§ 14 MVG.). Wer nur die Militärrente (wenn auch auf Grund einer während des mobilen Verhältnisses erlittenen Dienstbeschädigung) bezieht, gehört nicht zu den kriegsversorgungsberechtigten Militärpensionisten. Die Kriegszulage wird unter Umständen ersetzt durch die Tropenzulage (§ 67 MVG.), dann nämlich, wenn die Voraussetzungen sowohl für den Bezug der Kriegs-, als auch der Tropenzulage gegeben sind; da nach dem Gesetz beide nicht nebeneinander gewährt werden können (§ 67 Abs. 3 MVG.), wird solchenfalls die höhere von beiden, die Tropenzulage (neben der Militärrente) allein gezahlt. Das ist aber (abgesehen von dem unten lit. h behandelten Fall, daß der Anspruch auf die Kriegszulage infolge Gewährung einer Abfindungssumme nach dem KAG. erloschen ist) der einzige Fall, in dem Anspruch auf Kriegsversorgung besteht, ohne daß die Kriegszulage bezahlt wird.

Die Frage, ob jemand aus Anlaß des gegenwärtigen Krieges Anspruch auf Kriegsversorgung nach dem MVG. hat, ist sonach nicht ganz einfach zu entscheiden. Die Zivilbehörden werden sich nicht darauf beschränken können, aus den (insoweit nicht restlos aufklärenden) Rentenbescheiden oder Quittungsbüchern der Antragsteller heraus selbst diese Frage zu beantworten. In den Ansiedlungsfällen, in denen gleichzeitig eine

Kapitalabfindung beantragt wird, erhält der Antragsteller im Verfahren nach dem KAG. zugleich mit dem Vorbescheid des Generalkommandos eine beglaubigte Abschrift der Seite 4 seiner Rentenliste bzw. Rentennachliste, die er der Kreisregierung als Prüfungsstelle vorzulegen hat (Ziff. 6, 7, 8 der Vollzugsanweisungen des BayKM. zum KAG. vom 15. Dez. 1916, VBl. des BayKM. S. 1097). Aus jener Abschrift kann also auch die Kreisfürsorgestelle für den von ihr vorzubereitenden Antrag auf Darlehensgewährung die nötigen Feststellungen nach der bezeichneten Richtung treffen. Steht aber der Kreisfürsorgestelle eine solche beglaubigte Abschrift der Seite 4 der Rentenliste oder Rentennachliste nicht zur Verfügung, so wird es sich für sie unbedingt empfehlen, vom Bezirkskommando des Aufenthaltsortes des Antragstellers, wo sich die Rentenakten befinden, Auskunft einzuholen.

e) Die Höhe der Versorgungsgebührnisse ist für die Anwendung des AnsG. an sich gleichgültig, insbesondere auch für die Höhe des zu gewährenden Darlehens. (Sie kann bei Prüfung der Eignung in persönlicher Beziehung, hier der Vermögensverhältnisse, berücksichtigt werden, vgl. unten Bem. 12 Abs. 1.) Ohne Einfluß für die Frage der Darlehensgewährung ist es auch, ob mit einer späteren Verminderung oder einem gänzlichen Wegfall der Versorgungsgebührnisse (infolge Verminderung oder gänzlicher Beseitigung der Erwerbsbeschränktheit) zu rechnen ist (anders § 2 Abs. 1 Ziff. 3 KAG.!).

f) Solange das Recht auf die sämtlichen Versorgungsgebührnisse ruht (§ 35 MVG.), besteht praktisch kein Anspruch auf Kriegsversorgung, so daß also, da das AnsG. nur den praktisch durch den Bezug der Gebührnisse in Erscheinung tretenden Anspruch im Auge hat, während der Dauer des Ruhens ein Darlehen nach dem AnsG. nicht bewilligt werden kann. Tritt dagegen nach Bewilligung oder Erhalt des Darlehens später einmal ein Ruhen der Versorgungsgebührnisse ein, so bleibt dies für die Beziehungen zwischen Darlehensgeber und -nehmer ohne Einfluß.

g) Keine notwendige Voraussetzung für die Darlehensgewährung ist, daß der Kriegsbeschädigte auch von der Wohltat des KAG. Gebrauch macht oder gemacht hat bzw. machen kann. (Vgl. aber auch Einleitung S. 19 f. und Bem. 7 zu Art. 2.) Vielmehr wird gerade dann die Darlehensgewährung nach dem AnsG. für einen Kriegsbeschädigten besonders wertvoll sein, wenn die Erlangung einer Kapitalabfindung für ihn nicht möglich ist (vgl. unten Bem. 4).

h) Das im Falle der Gewährung einer Kapitalabfindung eintretende gänzliche oder teilweise Erlöschen des Anspruchs auf die Kriegs- (und Verstümmelungs)zulage (§ 4 Abs. 2 KAG.) berührt das Bestehen des „Anspruchs auf Kriegsversorgung" im Sinne des AnsG. nicht. Das ist nach Sinn und Wechselbeziehung der beiden Gesetze ohne weiteres selbstverständlich.

Es können also nicht nur Kapitalabfindung und Ansiedlungsdarlehen gleichzeitig nebeneinander gewährt werden, sondern es kann auch der bereits früher nach dem KAG. abgefundene Kriegsbeschädigte später noch zur Stärkung seines Grundbesitzes gegebenenfalls ein Darlehen nach dem AnsG. erhalten.

4. Kriegskranke (d. s. jene Kriegsbeschädigten, die infolge der erlittenen Kriegsdienstbeschädigung in Siechtum verfallen sind, z. B. Lungen-, Magen-, Nerven-, Darmleiden usw.), insbesondere solche, deren Leiden nach dem Gutachten eines beamteten Arztes durch Beschäftigung im Freien gehoben und gebessert werden kann, sind von der Ansiedlung nicht ausgeschlossen (Ziff. 1 Abs. 2 der AB. I, S. 182). In das KAG. nebst seinen Ausführungsbestimmungen wurde die Unterscheidung zwischen Kriegsbeschädigten im allgemeinen und Kriegskranken im besonderen nicht aufgenommen. Die Kriegskranken werden aber, wenn sie grundsätzlich von der Wohltat des KAG. auch nicht ausgeschlossen sind, praktisch für Erlangung der Kapitalabfindung doch im allgemeinen weniger in Betracht kommen, da bei ihnen in der Regel mit einer normalen Lebens-

dauer nicht gerechnet werden kann (vgl. § 2 Abs. 1 Ziff. 3 KAG. und Koppmann S. 66, Schelhorn S. 94). Die ausdrückliche Einbeziehung der Kriegskranken in die Zahl der für eine Darlehensgewährung nach dem AnsG. in Betracht kommenden Personen ist deshalb für jene von ganz besonderem Werte.

5. a) Bezüglich der Staatsangehörigkeit des Kriegsbeschädigten ist im Gesetze nichts gefordert; die Wohltat des Gesetzes ist darnach auf bayerische Staatsangehörige oder ehemalige Angehörige bayerischer Truppenteile nicht beschränkt. Dagegen muß der Kriegsbeschädigte, der ein Darlehen bekommen soll, deutscher Reichsangehöriger sein, da sonst auf die Dauer des Mangels der Reichsangehörigkeit das Recht auf den Bezug der Versorgungsgebührnisse ruht (§ 35 Ziff. 1 MVG.), insolange also praktisch kein Anspruch auf Kriegsversorgung besteht, wie es Art. 1 verlangt (vgl. auch oben Bem. 3 f).

b) Daß das zu beleihende Anwesen in Bayern gelegen sein muß, steht zwar nicht im Gesetz, ist aber bei der Natur des AnsG. als eines bayerischen Landesgesetzes ohne weiteres selbstverständlich.

c) An ein bestimmtes Lebensalter des Kriegsbeschädigten ist die Zulässigkeit einer Darlehensgewährung nicht geknüpft. (Das KAG. schreibt dagegen in § 2 eine regelmäßige Altersgrenze von 21 bis 55 Jahren vor.) Im Bereich des AnsG. wird das Lebensalter des Antragstellers im allgemeinen nur bei Prüfung der Frage seiner Eignung in persönlicher Beziehung (vgl. unten Bem. 12) in Betracht zu ziehen sein. Ist der Antragsteller jedoch noch nicht 21 Jahre alt, also noch nicht volljährig und deshalb in seiner Geschäftsfähigkeit beschränkt (§§ 106 ff. BGB.), so gewinnt das Lebensalter auch insoferne Bedeutung, als solchenfalls der Antragsteller eine ihn verpflichtende Erklärung rechtswirksam nur mit Einwilligung (§§ 182, 183 BGB.) seines gesetzlichen Vertreters abgeben kann und die Wirksamkeit eines vom Antragsteller ohne die erforderliche Einwilligung abgeschlossenen Vertrages von der nachträglichen Zustimmung (Genehmigung, § 184 BGB.) des gesetzlichen Vertreters abhängig ist (§ 108 Abs. 1 BGB.). Vgl. übrigens auch § 1821 BGB.

d) Auch Personen weiblichen Geschlechtes können als Kriegsbeschädigte für eine Darlehensgewährung nach dem AnsG. in Betracht kommen, nämlich das kriegsbeschädigte weibliche auf dem Kriegsschauplatze oder in den Etappen verwendete Personal der freiwilligen Krankenpflege (§ 44 MVG.).

6. Als Ansiedlung im Sinne des Art. 1 gilt die Begründung oder der Erwerb (vgl. unten Bem. 8) selbständiger kleinbäuerlicher oder gärtnerischer Betriebe[1]) (Ziff. 2 der AB. I, S. 182). Voraussetzung für den Begriff der Ansiedlung in diesem Sinne ist einmal, daß der Anzusiedelnde innerhalb des Anwesens selbst dauernd Wohnung nimmt, also eine geeignete Wohnstätte übernimmt oder errichtet, sodann daß er bzw. seine mit ihm im Anwesen wohnende Familie die Landwirtschaft oder Gärtnerei selbständig betreibt. Daß dies der einzige Erwerbszweig des Anzusiedelnden sei, ist nicht gefordert. Bei den Beratungen im Finanzausschuß der Abgeordneten-Kammer erklärte ein Vertreter der Staatsregierung auf Anfrage ausdrücklich, daß zwar, soweit möglich, selbständige Bauern angesiedelt werden sollen, daß aber auch die Ansiedlung landwirtschaftlicher Arbeiter den Absichten der Regierung entspreche. Die bisher von den Gemeinden gegen den Zuzug landwirt-

---

[1]) Wenn hier Ziff. 2 AB. I noch hinzufügt: „sowie die Stärkung solchen Besitzes", so tut dies dem Begriffe des Wortes „Ansiedlung" unnötig Gewalt an, steht übrigens auch in direktem Widerspruch zu der Fassung des Art. 1 selbst („. . . . zur Ansiedlung in landwirtschaftlichen Betrieben oder zur Stärkung landwirtschaftlichen Besitzes . . . ."). Wenn Art. 4 nur von dem „zur Ansiedlung bestimmten Grundbesitz" spricht, so ist das eben ein bei der Gesetzesredaktion unterlaufenes Versehen; daß sich die Vorschrift des Art. 4 trotzdem auch auf die Fälle der Stärkung landwirtschaftlichen Besitzes beziehen will und bezieht, ist auch ohne jene gezwungene Wortdeutung klar. Auch daß der Titel des Gesetzes nur die dem Gesetzgeber als Hauptfall vorschwebende Ansiedlung allein nennt, ist noch kein Beweis dafür, daß er unter Ansiedlung auch die Stärkung landwirtschaftlichen Besitzes verstanden wissen wollte.

schaftlicher Arbeiter gemachten Schwierigkeiten seien jetzt durch Änderung der armenrechtlichen Gesetzgebung beseitigt (XXXVI. Landtagsverf. K. d. Abg., StenB. Bd. XIV S. 547). Nach Ziff. 2 der AB. I (S. 182) können demnach auch Kriegsbeschädigte Berücksichtigung finden, die zugleich als Handwerker, Kleingewerbetreibende, Arbeiter, Angestellte usw. tätig sind.

7. Unter die Maßnahmen zur Stärkung landwirtschaftlichen Besitzes sind ähnlich wie nach den Ausführungsanweisungen zum KAG. insbesondere zu rechnen die Entschuldung oder die sonstige Verbesserung der Schuldverhältnisse des Grundstücks (z. B. die Umwandlung einer kündbaren Hypothek in eine unkündbare Abtragshypothek), der Aufbau oder die Wiederherstellung von Wohn- und Wirtschaftsgebäuden, die Vergrößerung leistungsunfähigen oder leistungsschwachen Grundbesitzes durch Zukauf geeigneter Landflächen, die Vervollständigung von wirtschaftlichem Inventar, die Ausführung von Meliorationen u. dgl. (Ziff. 2 Abs. 3 der AB. I, S. 182). Vgl. hiezu Koppmann S. 41 ff. Auch der Erwerb von grundstücksgleichen Rechten wird gegebenenfalls unter die Stärkungsmaßnahmen fallen können (vgl. Art. 17 AG. GBO., Art. 196 EG. BGB.).

8. Das AnsG. samt seinen AB. sagt — im Gegensatz zum KAG., das in § 1 Abs. 1 den Erwerb oder die Stärkung eigenen Grundbesitzes ausdrücklich als notwendigen Verwendungszweck bezeichnet — nichts über die Frage des Eigentums und der Besitzform an dem Grundbesitze, der für die Ansiedlung oder Stärkung in Betracht kommt. Nach dem ganzen Inhalt des AnsG. ist aber unzweifelhaft hier nur ein vom Kriegsbeschädigten (durch Kauf, Tausch, Anwesensübernahme usw.) zu Eigentum zu erwerbender oder schon als Eigentum besessener Grundbesitz vorausgesetzt. — [Rentengüter im Sinne des Art. 62 EG. BGB. und der preußischen Rentengutsgesetzgebung gibt es in Bayern nicht. Ein Erbpachtrecht kann in Bayern nicht begründet werden, da hier von der Erlaubnis des Art. 63 EG. BGB. bisher kein Gebrauch gemacht worden ist.

Das Erbbaurecht (§§ 1012 ff. BGB.) kommt für die landwirtschaftliche Ansiedlung nicht in Betracht, da es sich zwar auch auf nicht für das Bauwerk selbst benötigte Grundstücksteile erstrecken kann (§ 1013 BGB.), diese aber doch stets den Charakter von Nebenplätzen tragen müssen, was für den landwirtschaftlichen Grundbesitz in seinem Verhältnis zur Wohnstätte des Eigentümers doch wohl nicht zutrifft. Vgl. Staudinger Anm. 3 zu § 1013 S. 529; a. A. Pesl in den Annalen des Deutschen Reichs 1916 S. 547 f., der aber damit dem Wesen des Erbbaurechtes des BGB. nicht gerecht wird.] — Eine Ausweitung des Begriffes der „Ansiedlung" in der Art des sächsischen Ansiedlungsgesetzes vom 5. Mai 1916, das auch die nur mietweise Seßhaftmachung in Kleinhäusern darunter einbegreift (vgl. Kruschwitz, Kriegeransiedlung in Sachsen in der Zeitschrift „Die Kriegsbeschädigtenfürsorge", 1. Jahrgang Nr. 8), ist dem bayerischen AnsG. fremd. Auch zur Stärkung eines vom Kriegsbeschädigten nur gepachteten Grundbesitzes kann ein Darlehen nach dem AnsG. nicht gewährt werden. Keine Ansiedlung wäre selbstverständlich für sich allein der Erwerb von grundstücksgleichen Rechten (Art. 196 EG. BGB., Art. 17, 18 AG. BGB.). Sollen dagegen solche Rechte zusammen mit einem landwirtschaftlichen Anwesen erworben werden, so wird ihr Erwerb als Teil des Ganzen mit unter den Begriff der Ansiedlung fallen können (z. B. der Erwerb eines Fischereirechtes, das dem jeweiligen Eigentümer des zu erwerbenden Grundstückes zusteht).

Daß das Anwesen gerade im Alleineigentum des Kriegsbeschädigten stehen müsse, wird nicht zu verlangen sein; immerhin aber darf sein Anteil — mag es sich nun um Miteigentum zur gesamten Hand oder nach Bruchteilen handeln — nicht so gering und seine rechtliche Stellung gegenüber den übrigen Miteigentümern nicht derart abhängig sein (wie z. B. als Kind bei fortgesetzter Gütergemeinschaft), daß nicht er der Herr im Anwesen ist; denn seine wirtschaftlich selbständige Existenz als Landwirt will das Darlehen ja begründen oder erhalten helfen und er als Darlehensschuldner ist der LKRAnst. als der Gläubigerin gegenüber auch verantwortlich für die Verwendung des Darlehens, für die Art der Wirtschaftsführung usw. (vgl. Bem. 2 zu Art. 6). Steht nur ein Teil des zu stärkenden Anwesens im Miteigentum mehrerer Personen, so wird die Geringfügigkeit des dem Antragsteller hieran neben dritten Miteigentümern zustehenden Bruchteils oder Anteils der Gewährung eines Darlehens um so weniger im Wege stehen, je geringfügiger das betreffende Grundstück im Verhältnis zum übrigen Anwesensgrundbesitz ist. (Die im Bereich des KAG. viel umstrittene Frage des Miteigentumserwerbes durch Beitritt zu Genossenschaften oder Vereinen, die sich mit dem Bau von Kleinwohnungen befassen [Koppmann S. 46 ff.], scheidet für das Gebiet des AnsG. schon deshalb aus, weil derartige Unternehmungen für die landwirtschaftliche Siedelung nicht bestehen und wohl in solcher Form auch kaum entstehen werden. Wegen der Berechnung des Darlehenshöchstbetrages, der Beleihungs- und der Verschuldungsgrenze im Falle des Miteigentums vgl. Bem. 4 zu Art. 4 und Bem. 4 zu Art. 8).

Bei verheirateten weiblichen Kriegsbeschädigten läßt sich der Mangel der Selbständigkeit beim Miteigentum unter Umständen wohl in der unten in Bem. 9 a. E. angedeuteten Weise ausgleichen.

9. Hinsichtlich des ehelichen Güterrechtes gilt folgendes:

Bei Neuerwerb von Grundbesitz aus Mitteln des Ansiedlungsdarlehens (und der Kapitalabfindung usw.) fällt die Frage nach dem in der Ehe des Kriegsbeschädigten bestehenden Güterstande für die Darlehensgewährung wohl niemals entscheidend ins Gewicht, weil hier der Grundbesitz stets in das Alleineigentum des Kriegsbeschädigten oder in das Miteigentum beider Ehegatten kommt.

Soll dagegen ein bereits besessenes Anwesen gestärkt werden, so wird der Güterstand wichtig. Bei der allgemeinen Gütergemeinschaft wird das Anwesen in der Regel zum Gesamtgute (§ 1438 BGB.) gehören, also gemeinsames Eigentum beider Ehegatten sein (vgl. auch Bem. 4 zu Art. 4). Hier wird gegen die Zulässigkeit der Darlehensgewährung im allgemeinen kein Bedenken bestehen (vgl. vorige Bem.). Gleiches gilt bei dem Gesamtgut der Errungenschaftsgemeinschaft (§ 1519 BGB.).

Bei dem gesetzlichen Güterstande (der Verwaltung und Nutznießung) (§§ 1363 ff. BGB.) und jenem der Gütertrennung (§§ 1426 ff. BGB.) ist zu unterscheiden, ob das Anwesen vom Mann oder der Frau in die Ehe gebracht bzw. ob es während der Ehe mit Mitteln des Mannes oder der Frau erworben wurde. Hier bleibt nämlich das eingebrachte Gut der Frau bzw. das mit Mitteln des eingebrachten Frauenguts Erworbene (so auch das Vorbehaltsgut der Frau bei allen Güterständen und das eingebrachte Gut der Frau bei der Errungenschafts- [§§ 1520 bis 1525 BGB.] und bei der Fahrnisgemeinschaft [§§ 1550 bis 1554 BGB.]) nach wie vor ihr alleiniges Eigentum, wenn es auch beim gesetzlichen Güterstande der Verwaltung und Nutznießung des Mannes unterliegt. Gehört das zu stärkende Anwesen also dem Ehegatten des Kriegsbeschädigten allein (oder zusammen mit Dritten), so dürfte — vorbehaltlich des unten angedeuteten Ausweges — ein Darlehen nach dem AnsG. nicht zu gewähren sein. Es sind hier allerdings die Gefahren nicht die gleichen wie beim KAG. (vgl. Koppmann Bem. 10 zu § 1); gleichwohl könnte eine Darlehenshingabe solchenfalls (z. B. bei Scheidung, Aufhebung der ehelichen Gemeinschaft) zu nicht wünschenswerten Unzuträglichkeiten führen. In derartigen Fällen wird aber unter Umständen dadurch zu helfen sein, daß sich der Kriegsbeschädigte das Darlehen zum Erwerbe des Mit- oder Alleineigentums am Anwesen seines Ehegatten und zur Stärkung dieses Anwesens gewähren läßt; dann steht nach grundbücherlichem Vollzug des Eigentumsüberganges und Erhalt des Darlehens die Darlehenssumme doch zur Stärkung des vom Kriegsbeschädigten nun zu Allein- oder Miteigentum besessenen Anwesens zur Verfügung; Voraussetzung wäre hiebei jedoch eine vorherige vertragliche Einigung der Eheleute über die Verwendung der an sich dem anderen Ehegatten als Kaufpreis zustehenden Darlehenssumme.

Bei weiblichen Kriegsbeschädigten wird sich unter allen Umständen eine Mitverpflichtung des Ehemannes als Darlehensschuldner empfehlen.

10. Die Größe des zu belehnenden Anwesens beträgt in Art. 14, 15 LKRAG., wo es sich nur um Ansiedlung landwirtschaftlicher Arbeiter handelt, nur 2 ha. Da diese Größe keine ausreichende Grundlage für die Lebenshaltung einer Familie bietet, wurde die Grenze für das Gebiet des AnsG. mit Recht auf in der Regel 5 ha erhöht. (1 ha = 10000 qm = 2,9349 Tagwerk, 5 ha = 50000 qm = 14,6745 Tagwerk.)

Diese Höchstgrenze darf nur in mäßigen Grenzen überschritten werden, wenn nach dem Gutachten von Sachverständigen in der Ansiedlungsgegend der mittelbäuerliche Besitz die Regel bildet oder wenn es sich um ein gut abgerundetes Anwesen handelt, bei dem eine Verkleinerung die Wirtschaftsführung beeinträchtigen oder das Fortkommen des Ansiedlers erschweren könnte (Ziff. 2 Abs. 3 der AB. I). Im Finanzausschuß der AbgKammer erklärte ein Vertreter der Staatsregierung bei der Beratung des Gesetzes, „daß die Überschreitung dieser Grenze von 5 ha nur unter der Voraussetzung stattfinden soll, daß der vorgesehene Höchstbetrag von 4000000 Mk. nicht überschritten wird, ferner daß die Ausnahme nur da Platz greifen soll, wo ein starres Festhalten an dieser Grenze zu Unbilligkeiten führen würde und eine sonst zweckmäßige Ansiedlung unmöglich gemacht würde" (XXXVI. LandtagsVers. KdAbg., StenB. Bd. XIV S. 548).

Die Grenze kann sich natürlich nur auf den Gesamtumfang der Ansiedlung beziehen; es kann also ein Kriegsbeschädigter, der schon ein Anwesen von 5 ha besitzt, nicht etwa zum Zukauf weiterer 5 ha ein Darlehen nach dem AnsG. bekommen. Oder ein Kriegsbeschädigter, dessen sonstige Mittel zum Erwerb eines 5 ha großen oder größeren Anwesens ausreichen, kann nicht zur Ermöglichung des Erwerbes eines um bis zu 5 ha größeren, also vielleicht 8 oder 10 ha großen Anwesens ein ergänzendes Darlehen nach dem AnsG. erhalten.

11. Im Gegensatze zum KAG. beschränkt sich das AnsG. auf die Förderung der Ansiedlung in landwirtschaftlichen Betrieben bzw. Stärkung landwirtschaftlichen Besitzes. Eine angestrebte Einbeziehung auch der städtischen Siedelung wurde von der Regierung mit dem Hinweis abgelehnt, daß diese als Teil der allgemeinen städtischen Wohnungsfürsorge Aufgabe der Gemeinden sei, denen zu diesem Zweck die Mittel der LKRAnst. ohnedies schon zur Verfügung stünden.

Der landwirtschaftliche Besitz oder Betrieb braucht aber nicht in rein ländlicher Gegend gelegen zu sein. Auch Grundstücke in der Umgebung größerer Städte oder von Industrieorten können für die Siedlung in Betracht kommen, wenn im übrigen die Voraussetzungen der landwirtschaftlichen Ansiedlung erfüllt sind (Ziff. 2 Abs. 1 der AB. I).

12. Voraussetzung für eine Darlehensgewährung zum Erwerb eines Anwesens ist nach Abs. 2, daß sich der Anzusiedelnde in persönlicher Beziehung zur Ansiedlung eignet. Diese Frage muß deshalb von den Kreisfürsorgestellen vor einer Begutachtung der Darlehensgewährung (s. unten Bem. 15) genau geprüft werden. Es sind hiebei insbesondere die Verhandlungen zu berücksichtigen, die allenfalls bei der Berufsberatung des Kriegsbeschädigten erwachsen sind. Ferner werden der erfolgreiche Besuch einer landwirtschaftlichen Invalidenschule, die frühere Beschäftigung in der Landwirtschaft oder Gärtnerei, Zahl, Alter, Arbeitsfähigkeit und Berufsbildung der Familienmitglieder, vor allem der Frau (bei weiblichen Kriegsbeschädigten: des Mannes), das Vorhandensein von Verwandten am Siedlungsort, die körperliche Leistungsfähigkeit des Kriegsbeschädigten, sowie die Vermögensverhältnisse angemessen zu berücksichtigen sein

(Ziff. 3 Abs. 3 der AB. I). Auch das Lebensalter des Antragstellers selbst wird in Betracht zu ziehen sein (vgl. oben Bem. 5 c).

Ein sozialdemokratischer Antrag bezweckte bei der Gesetzesberatung die Streichung der Worte „in persönlicher Beziehung"; mit Recht betonte demgegenüber ein Vertreter der Staatsregierung, daß diese Worte im beiderseitigen Interesse erhalten bleiben müßten. Denn man wolle doch von vornherein nur Existenzen schaffen, die sich auch halten könnten, und dazu müßten die persönlichen Voraussetzungen unter allen Umständen geprüft werden. (XXXVI. LandtagsVers. K. d. Abg., StenB. Bd. XIV S. 548.).

Daß die Prüfung der Eignung in persönlicher Beziehung keinesfalls zu politischen Zwecken — insbesondere nicht etwa zu einer Benachteiligung der Kriegsbeschädigten sozialdemokratischer Gesinnung — mißbraucht werden dürfe, wurde von der Staatsregierung bei den Gesetzesberatungen anerkannt (XXXVI. LandtagsVers. K. d. Abg., StenB. Bd. XIV S. 550).

Bezüglich der religiösen Verhältnisse wird im allgemeinen das gleiche zu gelten haben. Doch mag es immerhin im eigenen Interesse des Kriegsbeschädigten (Kirche, Schule!) unter Umständen nicht gerade empfehlenswert sein, einen Protestanten in einer ausschließlich katholischen Gegend, bzw. einen Katholiken in einer ausschließlich protestantischen Gegend anzusiedeln.

13. Die Prüfung, ob die Stärkung des Besitzes dauernd gewährleistet erscheint, wird sich sowohl auf die Person des Kriegsbeschädigten (hier gilt das in Bem. 12 für den Fall der Ansiedlung Ausgeführte), als auf das Anwesen, als endlich besonders auf Mittel und Weg der beabsichtigten Stärkung zu erstrecken haben. „Entscheidend ist in dieser Hinsicht, daß die Maßnahmen nicht nur nützliche und zweckmäßige Verbesserungen darstellen, sondern daß sie die wirtschaftlichen Verhältnisse wesentlich beeinflussen und so den Grundbesitz nachhaltig stärken" (so Ziff. 4 der BayAAnw. zum KAG., wo es sich um gleiche Verhältnisse handelt).

14. Einen **Rechtsanspruch** auf Darlehensgewährung hat der Kriegsbeschädigte natürlich zunächst **nicht** („kann... gewähren"). Es gilt hier das gleiche, wie beim KAG. (vgl. Koppmann S. 31; Schelhorn S. 55). Die zur Bewilligung zuständige LKRKomm. darf bei ihrer Entscheidung selbstverständlich nicht willkürlich vorgehen, sondern hat nach **pflichtgemäßem Ermessen** zu prüfen, ob die gesetzlichen Voraussetzungen erfüllt sind, also das Darlehen gewährt werden kann oder nicht.

Einen **Rechtsanspruch** auf Gewährung des Darlehens erhält der Kriegsbeschädigte aber **später** durch die **Darlehenszusicherung** nach Art. 11 Abs. 2 LKRAG., allerdings nur in dem durch den Inhalt der Zusicherung und durch das Gesetz (Art. 13 LKRAG.) bestimmten Rahmen (vgl. hiezu Bem. 3 zu Art. 11 LKRAG.). Wegen **Verwertung** dieses Anspruchs durch den Kriegsbeschädigten vgl. Bem. 4, 5 zu Art. 13 LKRAG.

15. Über **Verfahren** und **Zuständigkeit** bei Anbringung und Verbescheidung von Darlehensgesuchen (**vgl. dazu auch besonders die Ausführungen in der Einleitung** S. 18 ff.) treffen Ziff. 3 und 4 der AB. I Bestimmung.

Die Anträge auf Darlehensgewährung einschließlich jener auf Zuschüsse nach Art. 7 des Gesetzes sind bei den **Kreisstellen der Kriegsbeschädigtenfürsorge**[2]) (vgl. Bek. des Staatsmin. d. Innern vom 28. Febr. 1915 über Kriegsinvalidenfürsorge, MABl. 1915 KrBeil. S. 239 ff.) anzubringen und in geeigneter Weise zu belegen (Grundbuchauszug, Schätzungsgutachten, Baupläne usw.). Zuständig ist die Kreisstelle des Regierungsbezirkes, in dem der Kriegsbeschädigte seinen

[1]) Prüfungsstelle für die **Kapitalabfindungsgesuche** sind dagegen die Kreisregierungen, Kammern des Innern, **selbst**. Der tatsächliche Unterschied zwischen den Verfahrensarten nach beiden Gesetzen ist hier aber gering. Die Bearbeitung der Gesuche wird in **beiden** Fällen dem gleichen Referat obliegen; nur **muß** im Verfahren nach dem KAG. die **Bescheinigung über die Nützlichkeit der Verwendung des Kapitals** (Ziff. 3 Abs. 4 der AusfBest. des Bundesrats zum KAG., **Koppmann** S. 172) vom **Regierungspräsidenten** oder dessen Stellvertreter **unterzeichnet** werden.

Wohnsitz oder in Ermangelung eines solchen seinen Aufenthalt hat. Hat er weder Wohnsitz noch Aufenthalt in Bayern, so wendet er sich am besten an die Kreisstelle des Regierungsbezirkes, in dem er sich anzusiedeln wünscht. (Wegen späteren Wechsels der zuständigen Kreisstelle vgl. Bem. 11 zu Art. 6.) Die Kreisstelle legt den Antrag mit gutachtlicher Äußerung der Landeskultur-Rentenkommission vor, die im Bedarfsfalle ihrerseits mit der Landessiedlungsstelle ins Benehmen tritt.

Der Begutachtung der Darlehensgewährung hat eine eingehende Prüfung der Frage vorauszugehen, ob der Gesuchsteller die zur Ansiedlung erforderlichen persönlichen Eigenschaften besitzt (vgl. oben Bem. 12).

Kann die persönliche Eignung des Antragstellers als gegeben betrachtet werden, so hat die Kreisstelle den Kriegsbeschädigten weiter bei der Wahl eines passenden Anwesens zu beraten, soferne es sich um den Neuerwerb eines solchen handelt. Bei dieser Beratung kommt es darauf an, ob das ins Auge gefaßte Anwesen überhaupt für die Ansiedlung von Kriegsbeschädigten geeignet ist, und ob es insbesondere den Anforderungen entspricht, die im Interesse des jeweiligen Gesuchstellers noch besonders gestellt werden müssen. Die Kreisstelle wird sich in der Regel zur Beantwortung der ersteren Frage der Verzeichnisse geeigneter Anwesen bedienen, die von der Landessiedlungsstelle herausgegeben werden. Sofern ein Anwesen in Frage kommt, das von der Landessiedlungsstelle noch keiner Prüfung unterstellt wurde, wird sich die Kreisstelle erforderlichenfalls mit der Landessiedlungsstelle zu diesem Zwecke in Verbindung setzen.

Die Kreisfürsorgestellen können die Prüfung dieser Fragen in geeigneten Fällen Bezirks- (Orts-) Fürsorgestellen übertragen.

Bei den Verhandlungen über den Erwerb eines Anwesens, sowie bei der Beschaffung der erforderlichen Geldmittel haben die Kreisstellen den Kriegsbeschädigten auf Ansuchen gleichfalls nach Möglichkeit an die Hand zu gehen. (Vgl. hierzu auch Einleitung S. 19 f. und § 12 der Anleitung zur Behandlung der Gesuche um Landeskulturrentendarlehen vom 18. November 1908, S. 159).

Zur Aufnahme der Gesuche und Erleichterung der Gesuchsvorbereitung dient der von der Landessiedlungsstelle im Benehmen mit der LKRKomm. herausgegebene Gesuchsfragebogen (vgl. Bekanntmachung der Landessiedlungsstelle vom 6. August 1917, Bay. Staatszeitung vom 14. August 1917 Nr. 187 2. Blatt), der im Anhang S. 193ff. abgedruckt ist.

Die Landeskultur-Rentenkommission bescheidet die Gesuche nach Art. 3 LKRAG. (Über Inhalt des Bescheides s. Art. 11 Abs. 2 LKRAG. und Bem. 2 hiezu.) Gesuche um Zuschüsse leitet sie mit ihrer Begutachtung an das K. Staatsministerium des Innern.

16. Die Auszahlung der Darlehen erfolgt durch Vermittlung der Rentämter (§ 11 der Instr. I, S. 170). Sie wird erst nach Eintreffen der vollzogenen Schuldurkunden (Schuldbekenntnis und Hypothekbestellung) bei der Landeskulturrentenkasse, Nachweis der Erfüllung der etwa weiter noch gesetzten Bedingungen (vgl. Bem. 2, 3, 6 zu Art. 11 LKRAG.) und Übermittelung der Darlehenssumme durch die LKRKasse an das betr. Rentamt von diesem vorgenommen (§ 3 der Instr. I und § 2 der Instr. II, S. 167 u. 177). Wegen Abtretung des Anspruchs auf Auszahlung der Darlehenssumme vgl. Bem. 5 zu Art. 13 LKRAG. Wegen Auszahlung der Darlehenssumme in bar oder in Rentenscheinen vgl. Bem. 1 und 3 zu Art. 4 LKRAG.

Art. 2.

Das Darlehen darf die ersten Dreiviertel des Wertes des Grundstückes nicht übersteigen; ist bei Neuansiedlungen der Betrag der Kosten des Grunderwerbs und der Bauausführung geringer als der Wert des Grundstücks, so dürfen drei Viertel dieses Betrages nicht überschritten werden.

1. Der Art. 2, der die theoretische Höchsthöhe des Darlehens bestimmt, wäre besser mit Art. 4, der den Umfang der dafür zu bestellenden Hypothek begrenzt, also die praktische Höchsthöhe des Darlehens bestimmt, vereinigt worden, weil Hypothek und Darlehen hinsichtlich ihres Ausmaßes gegenseitig durch einander so bedingt sind, daß praktisch eine Größenbestimmung des einen ohne gleichzeitige Berücksichtigung des anderen unmöglich ist. (So kennt § 11 HypBankG. vom 13. Juli 1899 auch keine getrennte Normierung von Darlehen und Hypothek, sondern nur eine Normierung der „Beleihung".) Denn das — an sich ranglose — Darlehen darf Dreiviertel (nicht „die ersten Dreiviertel", wie Art. 2 sagt, der dabei schon an das lediglich für die Hypothek geltende grundbuchmäßige Rangverhältnis denkt) des Grundstückswertes usw. nicht übersteigen; die für das Darlehen zu bestellende Hypothek aber (Art. 4) darf zusammen mit den ihr vorgehenden Belastungen die ersten Dreiviertel des Grundstückswertes bzw. Gesamtkostenbetrages nicht übersteigen. Da nun selbstverständlich Darlehen und Hypothek gleich groß sein müssen, wird praktisch die Höhe des Darlehens unter allen Umständen in ihrem Höchstmaß bestimmt durch die Höhe der bestellbaren Hypothek.

2. Der Art. 2 schreibt als Regel vor, daß das Darlehen drei Viertel des Wertes des Grundstückes nicht übersteigen darf. Nur bei Neuansiedlungen (also Neubegründungen von Anwesen) gilt die Besonderheit, daß dann, wenn die Summe aus den Kosten des Grunderwerbs und der Bauausführung geringer ist als der Wert des Grundstücks, das Darlehen drei Viertel dieses Gesamtkostenbetrages nicht übersteigen darf; ist dagegen der Gesamtkostenbetrag größer als der Grundstückswert, so bilden auch bei Neuansiedlungen 75% des Grundstückswertes die Darlehenshöchstgrenze. (Wegen Berechnung der Darlehenshöhe in dem Falle, daß nicht ein einheitliches Grundstück, sondern mehrere grundbuchmäßig selbständige und selbständig bleibende Grundstücke beliehen werden sollen, vgl. Bem. 3 zu Art. 4.)

Maßgebender Wert des Grundstücks (= Beleihungswert) kann nur sein der Wert (= gemeiner Wert, Verkaufswert, ohne Schuldenabzug! vgl. hiezu

Dietz S. 39 bis 51), wie ihn das Grundstück (vgl. unten Bem. 5, ferner Bem. 3 zu Art. 4) im Zeitpunkt der Beleihung (nicht der Antragstellung oder der Darlehensbewilligung oder der Hypothekbestellung) hat bzw. haben wird, also im Zeitpunkt der Gewährung des Darlehens, der Auszahlung der Darlehenssumme. Denn erst mit diesem Zeitpunkte wird die LKRAnst. Hypothekgläubigerin des Anwesensbesitzers, dem bis dahin die schon bestellte, aber noch nicht valutierte Hypothek als Eigentümergrundschuld zustand (vgl. Staudinger Bem. II, 1, a, ζ zu § 1163 BGB.). Für die LKRAnst. kann aber wegen Bemessung des Darlehens natürlich maßgebend nur der Wert sein, der zu Beginn ihrer Gläubigereigenschaft besteht, nicht ein Wert, der früher einmal bestand.[1])

Je nach dem Darlehensverwendungszweck ergibt sich hienach folgendes:

---

[1]) Die „Anhaltspunkte für die Behandlung von Gesuchen um Darlehen aus der LKRAnst." (Entschließung des Ministeriums des Innern vom 14. Mai 1913 Nr. 6351 a 27) führen bezüglich des Beleihungswertes in Landeskulturrentensachen aus:

„Die Sicherheit genügt nur dann, wenn die Hypothek innerhalb der ersten Werkshälfte der zu verpfändenden Grundstücke zu stehen kommt. Hiebei ist nur der Wert zur Zeit der Darlehensgenehmigung maßgebend. Die Wertssteigerung durch die Kulturunternehmung darf bei der Schätzung nur soweit in Betracht gezogen werden, als sie den Verkaufswert zur Zeit der Schätzung erhöht hat, z. B. dann, wenn das Kulturunternehmen schon zum Teil durchgeführt ist. Die künftige Wertssteigerung durch eine erst durchzuführende Unternehmung dagegen muß bei der Schätzung völlig außer Betracht bleiben. Die zu erwartende Wertserhöhung ist jedoch insoferne von Bedeutung, als das Darlehen diese Wertserhöhung nicht übersteigen darf (Art. 11 Abs. 2 LKRAG.); sind jedoch die Unternehmungskosten geringer, so darf das Darlehen diese nicht übersteigen."

Dieser Grundsatz widerspricht nicht dem hier vertretenen. Denn in den eigentlichen Landeskulturrentensachen ist, wenn das Darlehen nach Vollzug der Schuldurkunden ausbezahlt wird, in diesem Zeitpunkt der Beleihung die Werterhöhung regelmäßig noch nicht eingetreten, darf also mit Recht bei Festsetzung des Beleihungswertes auch nicht berücksichtigt werden. Erfolgt aber hier bei gewissen Ansiedlungsdarlehensfällen die Auszahlung des Darlehens gemäß der Bewilligung in einem Zeitpunkte, wo die — bei der Bewilligung allerdings erst „zu erwartende" (künftige) — Wert-

a) Der Antragsteller will mittels des Ansiedlungsdarlehens ein schon bestehendes Anwesen erwerben. Da hier normalerweise eine nennenswerte Wertänderung bis zur Darlehenshingabe nicht zu erwarten ist, wird der Beleihungswert als identisch mit dem derzeitigen Wert betrachtet werden können.

b) Der Antragsteller will mittels des Ansiedlungsdarlehens ein ihm schon gehöriges Anwesen durch rein rechtliche Entschuldungsmaßnahmen stärken. Hier gilt das zu a Gesagte.

c) Der Antragsteller will mittels des Ansiedlungsdarlehens ein bestehendes, entweder ihm schon gehöriges oder von ihm erst zu erwerbendes Anwesen durch werterhöhende Maßnahmen tatsächlicher Natur stärken (z. B. Zukauf von Grundstücken, Bau von Wohn- und Wirtschaftsgebäuden, Ausführung von Meliorationen, Erwerb von landwirtschaftlichen Maschinen, Vieh, Pferden usw.). Hier ist für die nächste Zeit eine Werterhöhung des Grundstücks zu erwarten, die im Bedarfsfalle zur Ermöglichung ausreichender Geldbeschaffung für den Antragsteller zu verwerten sein wird. Mit Hilfe ratenweiser Auszahlung der Darlehenssumme bzw. Hinausschiebung des Auszahlungstermines läßt sich die Einbeziehung dieser Werterhöhung in den Beleihungswert gar wohl durchführen. (Analog § 8 des preußischen Gesetzes betr. die Beförderung der Errichtung von Rentengütern vom 7. Juli 1891.)

Ein Beispiel: Der Antragsteller will ein ihm gehöriges Anwesen im derzeitigen Wert von 8000 Mk., das mit 5500 Mk. Hypothekschulden belastet ist, durch Errichtung eines neuen Wohnhauses mit Stall (Kosten 3000 Mk.) stärken. Durch die Neubauten wird das An-

---

erhöhung schon eingetreten ist, so kann und muß diese Werterhöhung bei Festsetzung des Beleihungswertes berücksichtigt werden, weil ja auch von allem Anfang an dieser erhöhte Grundstückswert die Darlehensforderung deckt. — Übrigens gilt auch nach den Grundsätzen unserer Hypothekenbanken als Beleihungswert der Wert im Zeitpunkte der Beleihung.

wesen nach sachverständiger Schätzung einen Wert von 13000 Mk. erhalten. Würde als Beleihungswert hier der derzeitige Wert von 8000 Mk. zugrunde gelegt, so betrüge die für die LKRAnst. geltende Beleihungsgrenze $3/4 \times 8000 = 6000$ Mk. und nach Vorgang von 5500 Mk. Hypothekschulden könnte die LKRAnst. nur das gänzlich unzureichende Darlehen von 500 Mk. geben. Wird dagegen als Beleihungswert der Betrag von 13000 Mk. behandelt, so kann das Darlehen der LKRAnst. bei einer Beleihungsgrenze von 9750 Mk. und einer vorgehenden Belastung von 5500 Mk. in der vollen Bedarfshöhe von 3000 Mk. gegeben werden. Zunächst allerdings kann (vor Beginn des Baues) nach Vorlage der vollzogenen Schuldurkunden infolge des vorerst noch unveränderten Grundstückswertes nur ein Teilbetrag von 500 Mk. ausbezahlt werden; ist jedoch der Bau als vollendet nachgewiesen, so kann der Rest von 2500 Mk. zur Auszahlung gelangen. Hier hätte also die Darlehenszusicherung (Art. 11 Abs. 2 LKRAG.) etwa dahin zu gehen, daß ein Darlehen von 3000 Mk. bewilligt wird in zwei Raten von 500 Mk. und von 2500 Mk., deren erste nach Vorlage der vollzogenen Schuldurkunden und deren zweite nach nachgewiesener ordnungsgemäßer Bauvollendung zur Auszahlung gelangt. (Ebenso könnte natürlich auch die Auszahlung der ganzen Darlehenssumme in einem von der Vorlage der vollzogenen Schuldurkunden und dem Nachweis der Bauvollendung abhängig gemacht werden.)

Soll die Darlehensauszahlung noch vor Durchführung der Stärkungsmaßnahme erfolgen, so kann natürlich der zu erwartende erhöhte Wert nicht den maßgebenden Beleihungswert bilden, weil er im Zeitpunkte der Beleihung noch nicht besteht (vgl. die Fußnote auf S. 53). In all den Fällen aber, wo die Auszahlung des Darlehens erst nach Durchführung der Stärkungsmaßnahmen vorgenommen werden soll, wird als Beleihungswert auch nur der erhöhte Grundstückswert nach durchgeführter Stärkung gelten können. Die etwa sich aus einer Hinausschiebung des Darlehensauszahlungstermines ergebenden praktischen Schwierigkeiten wird die Landessiedlung G. m. b. H. durch Gewährung von Zwischenkredit zu überwinden berufen sein (vgl. Einleitung S. 25).

d) Der Antragsteller will mittels des Ansiedlungsdarlehens ein ihm schon gehöriges Anwesen durch rein rechtliche Entschuldungsmaßnahmen **und** durch werterhöhende Maßnahmen tatsächlicher Natur stärken. Hier gilt das zu c Gesagte.

e) Der Antragsteller will mittels des Ansiedlungsdarlehens ein neues Anwesen begründen (Fall der Neuansiedlung). Hier sind zunächst die Kosten des Grunderwerbs (Kaufpreis, Verbriefungskosten usw.), sowie der Bauausführung (über Kostenvoranschläge vgl. unten Bem. 6) festzustellen. Diesem Gesamtkostenbetrag ist der Beleihungswert des Grundstücks gegenüberzustellen. 75% des geringeren von den beiden Beträgen darf das Darlehen nicht übersteigen. (Wegen des Falles, daß das zu beleihende Anwesen nicht aus einem, sondern aus mehreren grundbuchmäßig selbständigen und selbständig bleibenden Grundstücken besteht, vgl. Bem. 3 zu Art. 4).

Bezüglich der Frage, ob der Wert der zu erwerbenden Grundstücke ohne Bauten oder der nach Durchführung der Neuansiedlung zu erwartende Anwesenswert zu gelten habe, gilt entsprechend das zu c Gesagte. Es kommt auch hier auf den Zeitpunkt der Auszahlung des Darlehens an.

Ein Beispiel: Der Antragsteller will 10 Tagwerk Grund wertentsprechend für 4000 Mk. kaufen und darauf Wohn- und Wirtschaftsgebäude für 4000 Mk. errichten, wodurch das fertige Anwesen einen Wert von 10000 Mk. erhalten wird. Vorerst hat der Grund lediglich den Wert von 4000 Mk.; soll allein dieser Wert dem Gesamtkostenbetrag von $4000 + 4000 = 8000$ Mk. gegenübergestellt werden, so ist er als der geringere maßgebend, das Darlehen der LKRAnst. kann also nur bis zu $3/4 \times 4000 = 3000$ Mk. gehen. Wird dagegen der nach durchgeführter Bauvornahme zu erwartende Wert von 10000 Mk. als Beleihungswert erachtet und dem Gesamtkostenbetrag von

8000 Mk. gegenübergestellt, so ist dieser letztere als der geringere Wert maßgebend, das Darlehen kann also bis zu $3/4 \times 8000 = 6000$ Mk. gehen. Allerdings kann der über 3000 Mk. hinausgehende Teil des Darlehens erst nach nachgewiesener Vollendung der Neubauten gewährt werden, was in der Darlehenszusicherung natürlich zum Ausdruck zu kommen hat.

3. Wegen Berechnung des Darlehenshöchstbetrages in dem Falle, daß das zu beleihende Anwesen nicht im Alleineigentum des Kriegsbeschädigten, sondern im Miteigentum mehrerer Personen steht, vgl. Bem. 4 zu Art. 4.

4. Der Wert des Grundstücks (vgl. Bem. 3 zu Art. 4) ist durch Schätzung zu ermitteln. (Vgl. im einzelnen hiezu Dietz, Schätzeranweisung.) Die Schätzung kann durch gerichtlich aufgestellte und beeidigte Sachverständige (Art. 87, 88 AG. BGB.) oder durch gemeindlich aufgestellte und auf die Einhaltung einer aufsichtlich genehmigten Dienstanweisung verpflichtete Schätzmänner erfolgen; erfolgt sie nicht durch gerichtliche oder notarielle Vernehmung der gerichtlich aufgestellten und beeidigten Sachverständigen, so haben die Schätzer in der von ihnen zu unterschreibenden Schätzung ausdrücklich der LKRAnst. gegenüber die Haftung für die Richtigkeit der Schätzung zu übernehmen. Die Schätzung hat den Wert der einzelnen Plannummern gesondert auszuweisen (vgl. § 5 der Anleitung zur Behandlung der Gesuche um Landeskultur-Rentendarlehen vom 18. Nov. 1908; Haag S. 119).

Das Schätzungsgutachten ist dem Antrag beizunehmen (Ziff. 3 der AB. I, s. Anhang). Die Kosten des Gutachtens hat der Antragsteller zu tragen (Art. 5 AnsG. in Verb. mit Art. 31 Abs. 2 LKRAG.).

Die Schätzungsgutachten sind für die LKR.-Anst. nicht unbedingt verbindlich (vgl. Bem. 2 zu Art. 11 LKRAG.). Die Darlehensbedingungen, darunter in erster Linie die Darlehenshöhe, bestimmt allein die LKRAnst. (Art. 5 AnsG. in Verb. mit Art. 11 Abs. 2 LKRAG.).

Bei jenen Anwesen, die schon in das von der Landessiedlungsstelle geführte Verzeichnis der zur

Ansiedlung geeigneten Anwesen aufgenommen sind (Ziff. 10 und 11 der AB. I, S. 186 f.; vgl. auch Einleitung S. 23), wird die Beifügung eines Schätzungsgutachtens zum Antrag entbehrlich, weil hier der Wert des Anwesens von der Landessiedlungsstelle ohnedies schon festgestellt ist.

5. Wenn das Gesetz vom Wert des „Grundstücks" spricht, so ist als Grundstück nicht nur der begrenzte Raum der Erdoberfläche für sich allein, sondern mit ihm alles gemeint, was als Bestandteile (§§ 93 ff. BGB.), vom Grundstück getrennte Erzeugnisse (§§ 99 ff. BGB.) oder Zubehör (§§ 97 ff. BGB.) im Eigentum des Grundeigentümers steht (und bei Erwerb des Bodens miterworben werden soll), weil sich auf das alles auch die zu bestellende Hypothek erstreckt (§ 1120 BGB.). Vgl. auch Bem. 2 zu Art. 11 LKRAG. Als Grundstück im Sinne des Art. 2 werden mit den in Bem. 7 und 8 zu Art. 1 (S. 42, 43) angedeuteten Maßgaben auch grundstücksgleiche Rechte in Betracht kommen können, soweit es sich bei ihnen im Einzelfall nicht um Grundstücksbestandteile handelt.

6. Soweit Bauten vorgenommen werden sollen, sind Pläne und Kostenvoranschläge dem Antrage beizufügen. Die Kostenvoranschläge müssen nach § 9 Ziff. 3 der Anleitung zur Behandlung der Gesuche um LKRDarlehen vom 18. Nov. 1908 (S. 156), wenn sie nicht von einem öffentlich bestellten Sachverständigen ausgearbeitet sind, von einem solchen geprüft werden. Als solche Sachverständige erscheinen insbesondere die staatlichen und gemeindlichen Baubeamten oder die bautechnischen Beamten der K. Regierungen, Kammern des Innern, und der K. Bezirksämter.

Etwaige Kosten der Kostenvoranschläge treffen den Antragsteller (Art. 5 AnsG. in Verb. mit Art. 31 Abs. 2 LKRAG.).

Sollen zur Stärkung des Grundbesitzes Meliorationen vorgenommen werden, so wird diesbezüglich der § 2 der Anleitung zur Behandlung der Gesuche um Landeskultur-Rentendarlehen vom 18. Nov. 1908 (S. 154 f.) in Anwendung zu kommen haben.

7. Das Darlehen der LKRAnst. bzw. die dafür zu bestellende Hypothek ist nicht etwa grundsätzlich oder in erster Linie als ausschließliche, also die ganzen ersten Dreiviertel ausfüllende Belastung gedacht. Denn an gleich günstigen Beleihungsmöglichkeiten für die erste Stelle fehlt es ohnedies kaum; dagegen bildet die Beleihung nach dem AnsG. eine selten günstige Gelegenheit zur Erlangung guter unkündbarer und tilgbarer zweiter Hypotheken (vgl. hiezu auch § 12 der Anleitung zur Behandlung der Gesuche um Landeskultur-Rentendarlehen vom 18. November 1908, S. 159).

Bei Beratung des Gesetzes im Finanzausschuß der AbgKammer sprach sich der damalige Minister des Innern hierüber folgendermaßen aus:

„Die Belehnung ist so gedacht, daß die Anzusiedelnden sich die erste Hypothek für die erste Wertshälfte des Grundstücks im allgemeinen von anderer Seite beschaffen und daß die LKRAnst. nur das dritte Viertel selbst belehnt. Die Deckung des letzten Viertels kann den Kriegsbeschädigten im allgemeinen nicht schwer fallen, da sie auf Grund des MVG. und des KAG. Anspruch auf Kriegsversorgung und Kapitalabfindung haben (auf Kapitalabfindung besteht im Gegensatz zur Kriegsversorgung kein Rechtsanspruch! D. Verf.) und somit meist nicht unbeträchtliche Summen auf die Hand erhalten. Eine gewisse persönliche Mitbeteiligung des Anzusiedelnden wird auch deshalb unter allen Umständen gefordert werden müssen, um ihn persönlich an dem Bestand und dem Gedeihen des Gutes mehr zu interessieren.“ (XXXVI. LandtagsVers. K. d. Abg. StenB. Bd. XIV S. 547).

Diesen Ausführungen gegenüber ist folgendes zu bemerken. In einer gewissen Zahl von Fällen wird die Kapitalabfindung, die bis zu 15 318 Mk. gehen kann, für den Ansiedlungszweck überhaupt völlig ausreichen, so daß eine weitere Kapitalbeschaffung nicht erforderlich wird. Ist neben der Abfindungssumme der weitere Kapitalbedarf gering, so wird dessen Beschaffung auch keine Schwierigkeiten machen. In den Fällen aber, die der Minister im Auge hatte, daß nämlich durch die

Kapitalabfindung nur etwa 1/4 des benötigten Kapitals gedeckt wird, entstehen kaum überbrückbare Schwierigkeiten für ein Ineinandergreifen von AnsG. und KAG. dann, wenn die Militärverwaltung — wie Koppmann S. 138 ausführt — in der Regel Gebrauch macht von ihrem Rechte, für den ihr in §§ 7, 8 KAG. gegebenen bedingten Rückforderungsanspruch die Eintragung einer Sicherungshypothek nach § 8 Abs. 2 KAG. — und zwar natürlich an möglichst guter Rangstelle — zu verlangen. Denn dann verdrängt diese Sicherungshypothek in ihrem Umfange jeden anderen Realkredit. Einige Beispiele erläutern die Schwierigkeiten:

a) Ein Anwesen kostet wertentsprechend 10 000 Mk. 5000 Mk. sind auf 1. Stelle von einer Bank zu bekommen, 2500 Mk. betrüge die Kapitalabfindung, für die Sicherungshypothek an 2. Stelle verlangt wird. Den Rest von 2500 Mk. kann die LKRAnst. nicht geben, weil ihre 75%ige Beleihungsgrenze schon ausgefüllt ist. Auch sonst wird der Betrag zu nur einigermaßen annehmbaren Bedingungen kaum zu beschaffen sein.

b) Auf einem zu erwerbenden Anwesen im Wert von 10 000 Mk. können 3000 Mk. Bankgeld stehen bleiben. Der Rest von 7000 Mk. wird in Höhe von 3000 Mk. durch Kapitalabfindung gedeckt, für die Sicherungshypothek an 2. Stelle verlangt wird. Hier kann die LKRAnst. noch 1500 Mk. bis zur Ausfüllung ihrer 75%igen Beleihungsgrenze geben. Der Rest von 2500 Mk. ist wieder nicht zu beschaffen.

c) Wert und Preis des Anwesens betragen wieder 10 000 Mk., die Kapitalabfindung 5000 Mk. Wenn die LKRAnst. die fehlenden 5000 Mk. hergeben soll, müßte die Militärverwaltung mindestens mit der Hälfte ihrer Sicherungshypothek an letzte Stelle kommen, was sie im Interesse des Sicherungswertes ihrer Hypothek nicht tun will. So kann die LKRAnst. nach der Sicherungshypothek zu 5000 Mk. auf die 2. Stelle nur 2500 Mk. geben. Der Rest ist wieder unbeschaffbar.

Es bleibt sonach, wenn in solchen Fällen KAG. und AnsG. Hand in Hand gehen sollen, nur die Möglichkeit, daß der Militärfiskus — wie das Koppmann S. 138 nur für Ausnahmsfälle vorsieht — hier von dem Verlangen einer (gutrangigen) Sicherungshypothek absieht und sich entweder mit dem letzten Range oder mit anderen Sicherungsmaßnahmen begnügt (vgl. AusfBest. des Bundesrats zum KAG. Nr. 3 Abs. 4, Koppmann S. 172). Zu diesen Sicherungsmaßnahmen dürfte unter Umständen auch die von der Militärverwaltung dem Kriegsbeschädigten als Bedingung zu setzende Beantragung der Eintragung einer Verschuldungsgrenze nach Art. 8 ff. AnsG. zu zählen sein.

Da sowohl die Abfindungsgesuche nach dem KAG., als auch die Darlehensgesuche nach dem AnsG. bei den Kreisregierungen, Kammern des Innern, vorbereitet werden (vgl. Bem. 15 zu Art. 1 und Fußnote hiezu), dürfte sich im Interesse der Sache ein gangbarer Weg zur Ausgleichung dieser Gegensätze wohl finden lassen. Das um so mehr, als die Militärverwaltung mit ihrer Sicherungshypothek gemäß § 8 Abs. 2 KAG. ja keine fiskalischen Sicherungsinteressen verfolgt, sondern durch Sicherung ihres bedingten Rückforderungsanspruches nur einen Verlust des Abfindungskapitals verhüten und so auch für den Fall einer Vereitelung des Abfindungszweckes ein Wiederaufleben der abgefundenen Versorgungsgebührnisteile sicherstellen will.

Art. 3.

Die Darlehen sind von dem auf die Darlehenshingabe folgenden Kulturrententermin angefangen mit einem Betrage zu verzinsen, welcher dem jeweiligen Zinssatze der aus Anlaß der Darlehenshingabe ausgegebenen Landeskulturrentenscheine gleichkommt, und durch Zahlung eines jährlichen Zuschlags von mindestens eins vom Hundert der ursprünglichen Darlehenssumme zu tilgen.

1. Der Art. 3 ist dem Art. 6 Abs. 2 Satz 1 und Art. 17 Abs. 1 Satz 1 LKRAG. nachgebildet; er schließt die entsprechende Anwendung des Art. 6 Abs. 2 LKRAG. für das Gebiet des AnsG. aus, trotzdem letzterer im Art. 5 AnsG. ausdrücklich unter den entsprechend anwendbaren Stellen genannt ist (vgl. Bem. 1 zu Art. 6 LKRAG.).

2. Kulturrententermine sind die kalendermäßig festgesetzten Zeitpunkte, an denen die Kulturrente (= Darlehenszins + Tilgungsquote) jeweils zu zahlen ist. Durch § 4 der Instr. II (S. 178) wurden für alle Kulturrentendarlehen der 1. Mai und der 1. November als Fälligkeitstermine, also Kulturrententermine festgesetzt. Die Bezahlung hat — mangels entgegenstehender Vereinbarung — postnumerando zu erfolgen (vgl. § 608 BGB.). Länger als 4 Wochen rückständige Kulturrenten sind vom Verfalltage ab mit 4% zu verzinsen (§ 8 der Instr. II, s. Anhang). Über Einhebung und Beitreibung der Kulturrenten durch die Rentämter vgl. Bem. 1 und 2 zu Art. 23 LKRAG. Säumigkeit bei Entrichtung der Kulturrente bildet für sich allein keinen Kündigungsgrund (vgl. Bem. 1 zu Art. 6 S. 109).

3. Die Darlehen sind zu verzinsen „mit einem Betrage, welcher dem jeweiligen Zinssatz der aus Anlaß der Darlehenshingabe ausgegebenen Landeskulturrentenscheine gleichkommt". Wurden also z. B. 5000 Mk. 4%ige Rentenscheine bei einem Kursstande von 90% ausgegeben, so ist das Darlehen von nominal 5000 Mk. mit einem Betrage von $5000 \times \frac{4}{100} = 200$ Mk. zu verzinsen, was für die tatsächlich erhaltenen baren 4500 Mk. einen Zinsfuß von 4,45% ausmacht. Durch Gewährung des unverzinslichen Staatszuschusses nach Art. 7 AnsG. kann für Darlehen nach dem AnsG. diese Verteuerung wieder ausgeglichen werden (vgl. Bem. 1 zu Art. 7 AnsG.).

4. Die Wahl des Darlehenszinsfußes und damit auch der als Darlehen zu gebenden Rentenscheine steht dem Darlehensnehmer im allgemeinen frei; er kann also zwischen den zwei z. Z. bestehenden Typen der 3½%igen und der 4%igen Rentenscheine wählen.

Soweit jedoch Darlehen in Frage kommen, zu denen nach Art. 7 AnsG. ein Staatszuschuß gewährt werden soll, steht dem Darlehensnehmer die Wahl des Zinsfußes nicht frei. Hier bestimmt die Ziff. 6 der AB. I (S. 184), daß sich bei diesen Darlehen der Zinsfuß „nach dem höchsten Zinssatze der jeweils herausgegebenen Landeskulturrentenscheine" bemißt (vgl.

Bem. 2 zu Art. 7). — Natürlich bezieht sich die Ziff. 6 der AB. I nur auf die Neuaufnahme von Darlehen; der einmal für ein Darlehen — entsprechend dem Zinssatze der hingegebenen Rentenscheine — festgelegte Zinsfuß bleibt selbstverständlich unberührt, wenn etwa später ein neuer höher verzinslicher Typ von Rentenscheinen (z. B. 4½%) zur Verwendung kommt.

5. Die Tilgungsquote beträgt jährlich mindestens 1% der ursprünglichen Darlehenssumme, d. h. nicht des Kurswertes der Rentenscheine im Zeitpunkt der Hingabe, sondern des Nennbetrages des Darlehens. Die Festsetzung einer geringeren Tilgungsquote (z. B. ¾%, wie für besonders gelagerte Fälle in Art. 6 Abs. 2 Satz 2 LKRAG. zugelassen) darf bei Ansiedlungsdarlehen nicht erfolgen („mindestens"!).

6. Die Zins- und Tilgungsbeträge bilden zusammen die vom Schuldner zu entrichtende Kulturrente und sind in halbjährigen Raten an dem durch Ministerialvorschrift festgesetzten Kulturrententermine (oben Bem. 2) in barem Gelde (vgl. Bem. 3 zu Art. 6 LKRAG.) an die Anstalt abzuführen. Zugleich mit der ersten Halbjahrsrate der Kulturrente hat der Darlehensnehmer den Stückzins für die Zeit zwischen der Darlehenshingabe und dem darauffolgenden Kulturrententermine einzubezahlen. (Für die Zeit bis zum 1. Kulturrententermine also nur Verzinsung, keine Tilgung!) Erfolgt die Darlehenshingabe ausnahmsweise erst nach dem Termine, zu welchem gemäß der Schuldurkunde die Verzinsung und Tilgung zu beginnen hat, so wird dem Darlehensnehmer der entsprechende Stückzins gutgerechnet (Art. 6 Abs. 3 LKRAG.).

Die nach dem Darlehensnennwert festgesetzten Zinsen sind der fortschreitenden Tilgung des Darlehens ungeachtet im vollen Betrage während der bestimmten Tilgungszeit fortzubezahlen und dienen, soweit sie mehr betragen als der Zins der Restschuld, zur Tilgung des Darlehens (Art. 6 Abs. 4 LKRAG.).

7. Über die Tilgungsdauer je nach Höhe des Zinsfußes und der ursprünglichen Tilgungsquote gibt folgende

AnsG.			
Kulturrente (= Zins + Tilgung) jährlich	Darlehenszinsfuß[1]		
	3½%	4%	4½%
	Tilgungsdauer in Jahren		
4½%	43½	—	—
5%	35	41	—
5½%	29½	33	38½
6%	25½	28	31½
6½%	22½	24½	26½
7%	20	21½	23½
8%	17	18	19
9%	14½	15	16
10%	12½	13	13½
12%	10	10½	11

KAG.	
Lebensalter des Antragstellers	Für ein Kapital von 100 ℳ muß hingegeben werden eine jährliche Rente von ℳ
21	5,41
22	5,48
23	5,56
24	5,63
25	5,71
26	5,80
27	5,88
28	5,97
29	6,06
30	6,16
31	6,25
32	6,35
33	6,45
34	6,56
35	6,67
36	6,78
37	6,90
38	7,02
39	7,14
40	7,27
41	7,41
42	7,55
43	7,69
44	7,84
45	8,00
46	8,16
47	8,32
48	8,51
49	8,89
50	9,30
51	9,76
52	10,26
53	10,81
54	11,43
55	12,12

[1] Der 4½ %ige Zinsfuß ist nur vorsorglich aufgenommen mit Rücksicht auf eine etwaige künftige Neueinführung eines 4½=%igen Rentenscheintyps.

zum Teil der Bek. des Staatsministeriums des Innern und des Staatsministeriums der Finanzen vom 18. Juli 1908, die LKRAnst. betr. (vgl. Art. 26 LKRAG.), entnommene Aufstellung Aufschluß, der zum Vergleiche die Geldbeschaffungsbedingungen nach dem KAG. gegenübergestellt sind.

Art. 4.

Zur Sicherung des Darlehens und der Zins- und Tilgungsbeträge ist Hypothek auf dem gesamten zur Ansiedlung bestimmten Grundbesitz einschließlich der Gebäude an nächst offener Stelle zu bestellen dergestalt, daß die Hypothek die in Art. 2 bestimmte Höchstgrenze nicht übersteigt.

1. Die Bestellung der Hypothek ist obligatorisch („ist ... zu bestellen"). Wenn der Gesuchsfragebogen (s. Anhang S. 196) unter Ziff. IV fragt: „Soll Hypothek bestellt werden?", so ist das also überflüssig und irreführend. Die Frage ist offenbar nur versehentlich stehen geblieben als Rest der Frage 8 des Formblattes A (Fragebogen für Gesuche um Darlehen nach dem LKRAG. — Haag S. 160ff.): „Soll Hypothek (Art. 7 des Gesetzes) oder eine ablösbare Reallast (Art. 8) bestellt werden?". — Die Bestellung einer Reallast (wie nach Art. 8 LKRAG.) ist im Bereiche des AnsG. natürlich ausgeschlossen.

Die Hypothek ist nicht etwa (wie jene des Militärfiskus für seinen bedingten Rückforderungsanspruch nach § 8 Abs. 2 KAG.) als Sicherungshypothek — „zur Sicherung" einer Forderung dient natürlich jede Art von Grundstückspfand —, sondern als Buchhypothek (Hypothek ohne Brief) im Sinne von § 1116 Abs. 2 BGB. (wie allgemein bei den Darlehen der LKRAnst.) gedacht.

2. Die Hypothek der LKRAnst. soll — im Gegensatz zu den für die sonstigen Landeskulturrentendarlehen zu bestellenden Hypotheken (Art. 7 LKRAG.) — an nächstoffener Rangstelle bestellt werden. Ein Ausweichen bestehender Hypotheken hat also nicht stattzufinden. Die

Hypothek der LKRAnst. ist grundsätzlich nicht als erstrangige Hypothek gedacht. Wenn darum zur Anwesenserwerbung oder -stärkung die LKRAnst. zugleich mit anderen Geldgebern die nötigen Mittel gibt, wird sie mit ihrer Hypothek — vorbehaltlich der Einhaltung der Beleihungsgrenze von 75% — grundsätzlich den anderen, gleichzeitig zu bestellenden Hypotheken den Vorrang zu lassen haben.

Da die Hypothek der LKRAnst. die Beleihungsgrenze von 75% nicht überschreiten darf, so wäre es an sich nicht ausgeschlossen, daß z. B. bei schon bestehender und stehenbleibender Belastung von 75% eine der vorgehenden Hypotheken insoweit im Range hinter die zu bestellende Hypothek der LKRAnst. zurückträte, daß die letztere innerhalb der ihr vorgeschriebenen Beleihungsgrenze unterzubringen wäre. Dem Geist des Gesetzes, lebensfähige Anwesen mit gesund beschränkter Verschuldung zu schaffen, würde aber ein solches Manövrieren nicht entsprechen. Ziff. 12 der AB. I sagt denn auch ausdrücklich: „In allen Fällen der Ansiedlung von Kriegsbeschädigten ist besonderer Wert darauf zu legen, daß das wirtschaftliche Fortkommen des Ansiedlers dauernd gewährleistet ist und **insbesondere die Belastung sich in angemessenen Grenzen hält.**"

3. Besteht das zu beleihende Anwesen[1]) **nicht** aus **einem**, sondern aus **mehreren** grundbuchmäßig **selbständigen** Grundstücken (und eventuell grundstücksgleichen Rechten, vgl. Bem. 7 und 8 zu Art. 1 S. 42 und 43) und werden diese auch anläßlich der Beleihung nicht nach § 890 Abs. 1 oder 2 BGB. zu einer rechtlichen Einheit vereinigt, so ergibt sich wegen Einhaltung der Beleihungsgrenze des Art. 4 die grundsätzliche Frage, ob in der hiefür maßgebenden Höchstgrenze des Art. 2 (= drei Viertel des Wertes des Grundstückes oder bei Neuansiedlungen des geringeren Gesamtkostenbetrages) der Ausdruck „Grundstück" in dem eigentlichen und strengen

---

[1]) Wenn das Gesetz auch nur von dem „**zur Ansiedlung bestimmten Grundbesitz**" spricht, so ist es doch ohne weiteres selbstverständlich, daß sich Art. 4 auch auf den **zu stärkenden** Grundbesitz bezieht (vgl. Fußnote 1 zu Art. 1 S. 41).

Sinne des grundbuchmäßig selbständigen Einzelgrundstückes oder in dem die wirtschaftliche Gesamtheit des Anwesens treffenden, weiteren Sinne von „Grundbesitz" zu verstehen ist. Die Frage ist deshalb von Wichtigkeit, weil, wenn man den Ausdruck Grundstück im Art. 2 im ersteren Sinne streng auslegt, dann bei der Notwendigkeit einer Wahrung der Beleihungsgrenze jedes Einzelgrundstückes in solchen Fällen in der Regel nicht eine Beleihung des ganzen Anwesens, sondern nur eine gesonderte Beleihung jedes Einzelgrundstückes durch die LKRAnst. erfolgen kann. Der Ausdruck „Grundstück" im Art. 2 dürfte nun aber nichts anderes besagen, als der im Art. 4 selbst gebrauchte Ausdruck „Grundbesitz". Zur Analogie sei Art. 7 LKRAG. herangezogen, der für die eigentlichen Landeskulturrentendarlehen folgendes bestimmt: „Zur Sicherung des Darlehens und der Kulturrente ist Hypothek auf land- und forstwirtschaftlich benützbarem Grundbesitze, und zwar innerhalb der ersten Hälfte seines Wertes zu bestellen." Auch hier muß also die Hypothek der LKRAnst. nicht auf jedem der etwa grundbuchmäßig selbständigen Teile des Grundbesitzes innerhalb der ersten Wertshälfte dieses Einzelgrundstückes stehen, sondern sie muß sich lediglich innerhalb der ersten Wertshälfte des gesamten Grundbesitzes halten und wird im übrigen ohne Rücksicht auf den Wert der etwa bestehenden Einzelgrundstücke auf dem ganzen Grundbesitze (bei Mehrheit von selbständigen Grundstücken also als Gesamthypothek) eingetragen.

Gleiches wird auch hier zu gelten haben. Für die von der Hypothek einzuhaltende Beleihungsgrenze ist maßgebend der Wert oder bei Neuansiedlungen der geringere Gesamtkostenbetrag des ganzen zur Ansiedlung (vgl. Fußnote S. 66) bestimmten Grundbesitzes, gleichviel ob dieser aus einem oder mehreren selbständigen Grundstücken besteht. Und die Hypothek, die nach Art. 4 dergestalt zu bestellen ist, daß sie diese Beleihungsgrenze nicht übersteigt, genügt diesem Erfordernis, wenn sie in der durch die Beleihungsgrenze nach Abzug der vorgehenden Belastungen (vgl. unten Bem. 5) bestimmten Höhe als Gesamthypothek auf sämtlichen Einzelgrundstücken bestellt wird.

Natürlich kann die LKRAnst., wenn sie will, auch die Einzelgrundstücke getrennt beleihen, wodurch im Endeffekt die gleiche Darlehensgesamthöhe zu erreichen ist; dann ist selbstverständlich mit der einzelnen Hypothek auf jedem Einzelgrundstück dessen Beleihungsgrenze einzuhalten. Bei diesem umständlicheren Verfahren bietet sich der Vorteil größerer Klarheit des Grundbuchs, wie er bei der Bestellung einer Gesamthypothek nie zu erreichen ist. Auch mit Rücksicht darauf, daß eine Verschuldungsgrenze nur für jedes Einzelgrundstück gesondert eingetragen werden kann (vgl. Bem. 4 zu Art. 9), weil es eine der Gesamthypothek analoge Gesamtverschuldungsgrenze nicht gibt, kann unter Umständen der letztere Weg empfehlenswert erscheinen; denn die im Verhältnis zum Werte des Einzelgrundstückes übergroße Gesamthypothek wird da in der Regel die Verschuldungsgrenze des Einzelgrundstückes weit überschreiten, wodurch (vgl. Art. 11 Abs. 3!) künftiger Kreditbeschaffung unbegründete und übermäßige Hindernisse bereitet werden.

Beispiel: Ein Anwesen im Werte von 6000 Mk. besteht aus den selbständigen Grundstücken A (Wert 1000 Mk.), B (Wert 2000 Mark) und C (Wert 3000 Mk.). A ist mit 500 Mk., B mit 700 Mk., C mit 1000 Mk. Hypotheken belastet; Gesamtbelastung also 2200 Mk. Beleihungsgrenze des Gesamtanwesens $\frac{3}{4} \cdot 6000 = 4500$ Mk., also kann die LKRAnst. nach Vorgang von 2200 Mk. noch 2300 Mk. Darlehen geben. Wird hiefür eine Gesamthypothek auf A, B und C bestellt, so wird die auf A einzutragende Verschuldungsgrenze von 750 Mk. von der auf A ruhenden Belastung ($500 + 2300 = 2800$ Mk.) um 2050 Mk. überstiegen, die auf B einzutragende Verschuldungsgrenze von 1500 Mk. von der auf B ruhenden Belastung ($700 + 2300 = 3000$ Mk.) um 1500 Mk. und die auf C einzutragende Verschuldungsgrenze von 2250 Mk. durch die auf C ruhende Belastung ($1000 + 2300 = 3300$ Mk.) um 1050 Mk. Selbst wenn der Eigentümer also von der Hypothek der LKRAnst. 1050 Mk. heimzahlt und diesen Teilbetrag überall löschen läßt, kann er auf keinem der drei Grundstücke neuen Realkredit aufnehmen, weil jede Verschuldungsgrenze noch ausgefüllt ist. Würde hier für das Darlehen der LKRAnst. zu 2300 Mk. nicht eine Gesamthypothek sondern für den Teil von 250 Mk. auf A, für den Teil von 800 Mk. auf B und für den Rest von 1250 Mk. auf C gesondert Hypothek bestellt, so wäre auf jedem Grundstücke dessen Beleihungsgrenze (und damit auch seine Verschuldungsgrenze) eingehalten und bei Teillöschungen würde die Verschuldungsgrenze nirgends eine spätere Neuaufnahme gleichhohen Realkredits verhindern.

Unter allen Umständen wird es sich empfehlen, wenn irgend möglich, den gesamten Ansiedlungsgrundbesitz im Wege des § 890 Abs. 1 oder § 2 BGB. grundbuchmäßig zu einer rechtlichen Einheit zu vereinigen.

Wird das von der LKRAnst. beliehene grundbuchmäßig einheitliche Grundstück später durch Wegveräußerung eines Teiles geteilt, so kann entweder im Wege der Vereinbarung die Entlassung des Teilgrundstückes aus dem Pfandverband erreicht oder durch Beibringung eines Unschädlichkeitszeugnisses die lastenfreie Abschreibung ermöglicht werden. Trifft beides nicht zu, so muß die Hypothek der LKRAnst. auch auf das neue Blatt des wegveräußerten Teilgrundstückes übertragen werden; es bleibt also im Pfandverband und die Hypothek der LKRAnst. wird zur Gesamthypothek. Eine Teilung der Gesamthypothek nach § 1132 Abs. 2 BGB. kann hier, muß aber nicht erfolgen. Die Verschuldungsgrenze dagegen muß in solchen Fällen geteilt werden (vgl. Bem. 8 zu Art. 9).

Das gleiche wie im Falle der Teilung des Grundstücks wird zu gelten haben, wenn das zuerst dem Kriegsbeschädigten allein gehörige Grundstück nachträglich in das Miteigentum mehrerer nach Bruchteilen gelangt (vgl. Bem. 8 zu Art. 9 und unten Bem. 4).

4. Gehört das zu beleihende Grundstück im Zeitpunkt der Eintragung der Hypothek der LKRAnst. nicht dem Kriegsbeschädigten allein, sondern zusammen mit Dritten (Bem. 8 zu Art. 1 S. 43 f.), so ist zu unterscheiden:

a) bei Miteigentum zur gesamten Hand (im Falle der Gesellschaft (§§ 705 ff. BGB.), der allgemeinen Gütergemeinschaft (§§ 1437 ff. BGB.), der fortgesetzten Gütergemeinschaft (§§ 1483 ff. BGB.), der Errungenschaftsgemeinschaft (§§ 1519 ff. BGB.), der Fahrnisgemeinschaft (§ 1549 BGB.) und der Erbengemeinschaft vor der Auseinandersetzung (§§ 2032 ff. BGB.)] ist der Miteigentumsanteil des Kriegsbeschädigten nicht gesondert belastungsfähig (Staudinger Bem. III zu § 1008 BGB. S. 517); es kann also nur das ganze Grundstück beliehen werden. Maßgebend für Darlehenshöchsthöhe, Beleihungs- und Verschuldungsgrenze ist darum der Beleihungswert oder Gesamtkostenbetrag (Bem. 2 zu Art. 2 S. 52 ff.) des ganzen Grundstücks ohne Rücksicht auf die Höhe des Anteils des Kriegsbeschädigten. Natürlich bedarf es zur Eintragung der Hypothek der LKRAnst. auf einem solchen Grundstück auch der Eintragungsbewilligung sämtlicher Miteigentümer (vgl. hiezu Bem. 8 zu Art. 1).

b) bei Miteigentum nach Bruchteilen (d. h. ziffernmäßig bestimmten ideellen Anteilen), §§ 1008 ff. BGB.) [dies besteht: im Falle rechtsgeschäftlichen Erwerbes des Grundstücks durch mehrere, zusammen keine „Gesellschaft" bildende Personen, ferner nach Veräußerung eines ideellen, ziffernmäßig bestimmten Eigentumsanteiles am Grundstück an einen Dritten, endlich bei der Erbengemeinschaft nach der Auseinandersetzung (Staudinger Bem. I 2 zu § 1008 BGB. S. 515)] ist der Bruchteil des Kriegsbeschädigten gesondert belastungsfähig (Staudinger Bem. II 2 c zu § 1008 BGB. S. 516 und DAnw. §§ 220, 223, 224, 433). Soll also nicht das ganze Grundstück, sondern nur der Bruchteil des Kriegsbeschädigten beliehen werden, so ist für die Berechnung der Darlehenshöchsthöhe, der Beleihungs- und der Verschuldungsgrenze nur der Beleihungswert oder Gesamtkostenbetrag (Bem. 2 zu Art. 2 S. 52 ff.) des betreffenden Bruchteils maßgebend.

5. Die 75%ige Höchstgrenze des Art. 4 ist die interne Beleihungsgrenze der LKRAnst. für Darlehen nach dem AnsG. (wie die 50 bzw. 60%ige Beleihungsgrenze der Hypothekenbanken nach § 11 des HypBankG. v. 13. Juli 1899 und den gemäß § 15 dieses Gesetzes von den Hypothekenbanken festgestellten Beleihungsgrundsätzen). Sie ist natürlich nicht identisch mit der gleichhohen Verschuldungsgrenze nach Art. 8 ff. AnsG., die nach ihrer Eintragung für den allgemeinen Rechtsverkehr gilt. Die nur die LKRAnst. bindende Beleihungsgrenze hat Geltung darum auch dann, wenn die Verschuldungsgrenze nicht eingetragen wird. Die 75%ige Beleihungsgrenze bedeutet, daß die für das Darlehen der LKRAnst. zu bestellende Hypothek allein oder zusammen mit den der Hypothek im Range vorgehenden Belastungen höchstens 75% des Grundstückswertes bzw. bei Neuansiedlungen des geringeren Gesamtkostenbetrages erreichen darf. Sind also schon andere Belastungen eingetragen oder sollen solche im Range vor, aber gleichzeitig mit der Hypothek der LKRAnst. eingetragen werden, so darf das Darlehen der LKRAnst. nur höchstens dem nach Abzug der vorgehenden Belastungen verbleibenden Rest der 75% des Wertes bzw. Gesamtkostenbetrages gleichkommen.

Wie bei dieser Berechnung der Wert der vorgehenden Belastungen und jener der Hypothek der LKRAnst. selbst anzurechnen ist und welche Belastungen hiebei überhaupt zu berücksichtigen sind, hat das Gesetz nicht bestimmt, trotzdem eine grundsätzliche, einheitliche Regelung hiefür unentbehrlich erscheint. Der Art. 11 AnsG. bezieht sich an sich nur auf die Feststellung der Zulässigkeit einer einzutragenden Belastung mit Rücksicht auf die Verschuldungsgrenze. Man wird aber gleichwohl die darin enthaltenen Grundsätze auch auf die Beleihungsgrenze anwenden müssen, da ein in beiden Fällen ungleichmäßiges Vorgehen zu unhaltbaren Ergebnissen führen müßte (vgl. Bem. 10 zu Art. 11). Es kommen also auch hinsichtlich der Frage der Beleihungsmöglichkeit durch die LKRAnst. innerhalb der 75%igen Beleihungsgrenze Hypotheken mit dem Kapital- oder Höchstbetrag, Grundschulden mit dem Kapitalbetrag, Rentenschulden mit dem Betrag der Ablösungssumme, beständige oder für bestimmte Zeit zu entrichtende feste Geldrenten mit dem 25fachen Jahresbetrag und, wenn der Gesamtbetrag der Rentenleistungen geringer ist, mit diesem Betrage, bedingte Rechte wie unbedingte, Widersprüche und Vormerkungen wie die durch sie zu sichernden Rechte, endlich Rechte, mit denen noch ein anderes Grundstück belastet ist oder belastet werden soll, mit ihrem vollen Betrag, andere Rechte aber (als Hypotheken, Grund- und Rentenschulden und Geldrenten der erwähnten Art) überhaupt nicht zur Anrechnung (vgl. dazu im einzelnen Art. 11 mit Bemerkungen).

6. Anläßlich der Erörterung der Frage, inwieweit es dem Darlehensnehmer später durch Löschung des inzwischen getilgten Teiles der Darlehenshypothek gegebenenfalls zu ermöglichen sei, sich neuen Realkredit innerhalb der Verschuldungsgrenze zu verschaffen, erklärte ein Vertreter der Staatsregierung gegenüber geäußerten zweckpolitischen Bedenken im Finanzausschuß der AbgKammer:

„Ich meine, daß man in dieser Hinsicht zunächst der Bewegungsfreiheit der Anzusiedelnden doch keine allzugroßen Schranken auferlegen soll. An und für sich ist der Art. 24 (des LKRAG. über die Darlehensrückzahlungs- und -kündigungsmöglichkeiten des Darlehensnehmers) anwendbar und ich glaube sicherlich, daß im Verfolge dieser Anwendbarkeit *Teillöschungen zulässig* sind. Sollte sich herausstellen, daß auf diesem Gebiete unerwünschte Machenschaften vorkommen und üblich werden, dann hätte es die LKRAnst. immer in der Hand, durch ihre Bedingungen bei der Darlehensgewährung darauf hinzuwirken, daß hier nichts geschieht, was nicht erwünscht ist." (XXXVI. Landtagsversammlung, K. d. Abg. StenB. Bd. XIV S. 552).

Dem Verlangen des Eigentümers nach einer Löschungsbewilligung hinsichtlich des getilgten Teiles der Hypothek wird sich jedoch die LKRAnst. *keinesfalls* widersetzen können (vgl. §§ 1144, 1145 BGB.).

Grundsätzlich hat der Hypothekschuldner jederzeit das Recht, bei *vertragsgemäßer* Teiltilgung der Hypothekschuld vom Gläubiger eine Löschungsbewilligung für den getilgten Hypothekteil zu verlangen (vgl. RG. in JW. 1915 S. 1260 und in RGZ. 79, 361). Eine gesetzliche *Sondervorschrift* für die Hypotheken der LKRAnst., dahingehend, daß eine Teillöschung vor völliger Tilgung der ganzen Schuld unzulässig wäre, besteht nicht, konnte und könnte aus dem einzig in Betracht kommenden Art. 167 EG. BGB. heraus auch gar nicht geschaffen werden. Nun kann aber der Schuldner auf sein Recht, Löschung des getilgten Hypothekteiles zu verlangen, auch nicht rechtswirksam verzichten (Turnau-Förster Bem. 5 zu § 1145 BGB. S. 865). Sonach kann auch im Wege der Vereinbarung anläßlich der Darlehensgewährung jenes Recht des Darlehensnehmers nicht beseitigt werden. Ein Kündigungsrecht endlich kann der LKR.-Anst. vertraglich für den Fall eines solchen Teillöschungsbegehrens des Schuldners gleichfalls nicht rechtswirksam eingeräumt werden, weil der vom Gesetz selbst aufgestellte Grundsatz der für die LKRAnst. geltenden Unkündbarkeit des Darlehens nicht weiter, als vom Gesetz zugelassen, durchbrochen werden darf (vgl. Bem. 1 zu Art. 6 AnsG.). Das Verlangen einer Teillöschungsbewilligung für den vertragsgemäß getilgten Hypothekenteil durch den Darlehensnehmer kann aber an sich nie unter einen jener Tatbestände fallen, an die das Gesetz das ausnahmsweise Kündigungsrecht der LKRAnst. knüpft.

Art. 5.

Im übrigen finden die Bestimmungen in Art. 3, 4, 5, 6 Abs. II bis IV, 11, 13, 23 bis 32 des Gesetzes über die Landeskulturrentenanstalt in der Fassung vom 31. März 1908 (GVBl. S. 235) mit den in den nachfolgenden Artikeln enthaltenen Maßgaben entsprechende Anwendung.

1. Die Einleitungsworte „im übrigen" bringen zum Ausdruck, daß die entsprechende Anwendung der zitierten Artikel des LKRAG. nicht nur durch „die in den nachfolgenden Artikeln (Art. 6 ff. AnsG.) enthaltenen Maßgaben", sondern auch durch etwaige entgegenstehende Bestimmungen der vorhergehenden Art. 1 bis 4 AnsG. beschränkt wird. (So vgl. Bem. 1 und 5 zu Art. 3 AnsG., S. 61, 63 und Bem. 1 zu Art. 6 LKRAG.).

2. Die entsprechende Anwendbarkeit der hauptsächlichsten Bestimmungen des LKRAG. über Verbescheidung der Darlehensgesuche, Vollzug der bewilligten Darlehen und Verwaltung der LKR.-Anst. haben notwendig auch eine entsprechende Anwendbarkeit der zum Vollzuge des LKRAG. erlassenen Vorschriften im Gefolge, soweit für das Gebiet des AnsG. nicht eigene Ausführungsvorschriften erlassen wurden. Als entsprechend anwendbar kommen sonach, soweit sie praktisch hieher passen, in Betracht:

a) Königliche Verordnung vom 8. Februar 1911 zum Vollzuge des Gesetzes über die LKRAnst. (GVBl. S. 77), abgedruckt im Anhang S. 152 ff.

b) Anleitung zur Behandlung der Gesuche um Landeskultur-Rentendarlehen vom 18. November 1908 in der Fassung der MinBek. vom 20. Dezember 1910, auszugsweise abgedruckt im Anhang S. 154 ff.

c) Bekanntmachung des K. Staatsministeriums des Innern und des K. Staatsministeriums der Finanzen, die LKRAnst. betreffend, vom 18. Juli 1908, auszugsweise abgedruckt im Anhang S. 160 ff. (vgl. auch Art. 26 LKRAG.).

d) Finanzministerialentschließung vom 13. September 1901, LKRAnst. betr., enthaltend

I. Instruktion über das Kasse- und Rechnungswesen der K. Grundrenten-Ablösungskasse als Landeskultur-Rentenkasse (in diesem Buch abgekürzt: Instr. I)

II. Instruktion für die K. Rentämter zum Vollzuge des Gesetzes über die LKRAnst. in der Fassung der Bekanntmachung vom 30. Mai 1900 (in diesem Buch abgekürzt: Instr. II), abgedruckt im Anhang S. 165 ff.

Diese sämtlichen Vorschriften sind — soweit zweckdienlich — im Text verarbeitet und an gegebener Stelle zitiert.

3. Die im Art. 5 aufgeführten, entsprechend anwendbaren Artikel des LKRAG. folgen nunmehr anschließend im Wortlaut und mit erläuternden Bemerkungen versehen.

Art. 3 LKRAG.

I Zur Prüfung und Bescheidung der Gesuche um Darlehen, zur Bewirkung des Darlehensvollzuges und zur Überwachung der Darlehensverwendung wird im K. Staatsministerium des Innern eine Kommission — Landeskultur-Rentenkommission — gebildet.

II Die Zusammensetzung derselben wird durch Verordnung geregelt. Die Mitglieder werden vom König ernannt.

1. Der LKRKomm. ist auch für das Gebiet des AnsG. übertragen:

a) die Prüfung und Verbescheidung der Darlehensgesuche. Die notwendigen Vorarbeiten leisten in Landeskulturrentensachen die Bezirksämter (Art. 10 LKRAG.), in Ansiedlungsdarlehenssachen die Kreisstellen für Kriegsbeschädigtenfürsorge zusammen mit den Bezirks- und Ortsfürsorgestellen (Bem. 15 zu Art. 1 AnsG. S. 49 ff. und Einleitung S. 19).

Wegen des Inhaltes der Bescheide der Kommission vgl. Bem. 2 und 3 zu Art. 11 LKRAG.

Über Form der Bescheiderteilung und Zustellung der Bescheide ist weder im LKRAG., noch im AnsG., noch in den Ausführungsvorschriften zu beiden Gesetzen etwas bestimmt. Es wird also in Ansiedlungsdarlehenssachen zu halten sein, wie in Landeskulturrentensachen (schriftlicher Bescheid, Zustellung durch Vermittlung der Kreisstelle gegen amtlichen Nachweis).

Die Entscheidungen der Kommission sind — gleichviel ob ablehnend oder bewilligend — gebührenfrei (vgl. Bem. 2 zu Art. 31 LKRAG.).

Ein Rechtsmittel gegen die Entscheidungen der Kommission besteht nicht und zwar weder hinsichtlich der Frage der Darlehensgewährung überhaupt, noch auch hinsichtlich der für die Bemessung der Darlehenshöhe und des Verschuldungsgrenzbetrages (Bem. 4 zu

Art. 9 AnsG.) maßgebenden Festsetzung des Beleihungswertes (Bem. 2 und 4 zu Art. 2 AnsG. S. 52 ff., 57). — Der Mangel eines formellen Beschwerderechtes hindert nicht die wiederholte Anbringung eines Gesuches, dem bei entsprechend veränderter Sachlage trotz der früheren Abweisung natürlich stattgegeben werden kann. Bezüglich der Beantragung einer nachträglichen Abänderung des ins Grundbuch eingetragenen Verschuldungsgrenzbetrages vgl. Bem. 5 zu Art. 9 AnsG.

Die Gesuche um Gewährung von Staatszuschüssen nach Art. 7 AnsG. werden (Ziff. 4 der AB. I, S. 184) von der LKRKomm. nicht verbeschieden, sondern nur begutachtet und zur Verbescheidung an das K. Staatsministerium des Innern weitergeleitet (Bem. 4 zu Art. 7 AnsG.).

b) die Bewirkung des Darlehensvollzuges. Mit der Auszahlung des Darlehens darf erst nach Bestellung der geforderten Sicherheit auf Anweisung der Kommission vorgegangen werden (Art. 11 Abs. 3 LKRAG.). Die Kommission weist die bewilligten Darlehen bei der Grundrenten-Ablösungskasse als Landeskultur-Rentenkasse zur Auszahlung an (§ 3 Abs. 1 der Instr. I, S. 167). Vgl. auch Bem. 5 zu Art. 11 LKRAG.

c) die Überwachung der Darlehensverwendung. Im Gebiete des AnsG. wirken hiebei mit die Landessiedlungsstelle und die amtlichen Kriegsbeschädigtenfürsorgestellen (vgl. Bem. 11 zu Art. 6 AnsG.). Bei nicht plangemäßer Verwendung von Darlehensgeldern kann die Kommission nach freiem Ermessen die Auszahlung weiterer Teilbeträge einstellen oder von Bedingungen abhängig machen (Art. 13 Abs. 3 LKRAG.). Gegebenenfalls hat die Kommission das der LKRAnst. zustehende Kündigungsrecht auszuüben (Art. 5 Abs. 2 LKRAG., Art. 6 AnsG.).

2. Weitere Aufgaben der LKRKomm. im Bereich des AnsG. sind: Die Erteilung oder Versagung der Genehmigung zu einer gänzlichen oder teilweisen Veräußerung des Anwesens (Bem. 2 c zu Art. 6), dann eine Reihe von Akten bezüglich der Verschuldungsgrenze, so die Mitteilung des Betrages der VGr. an das

Grundbuchamt (Bem. 4 zu Art. 9), die Ausstellung einer Bestätigung über den veränderten VGrBetrag (Bem. 5 zu Art. 9), die Beantragung einer Berichtigung des VGrBetrages (Bem. 5 zu Art. 9), die Ausstellung einer Bestätigung über die erfolgte Tilgung des Darlehens (Bem. 4 zu Art. 12) und die Erteilung oder Versagung der Zustimmung zur Aufhebung der VGr. (Bem. 4 zu Art. 12).

Art. 4 LKRAG.

I Die Darlehen werden in barem Gelde oder in Schuldverschreibungen zum Nennwerte gegeben.

II Insoweit der Darlehensbetrag sich in Schuldverschreibungen nicht ausgleichen lässt, wird derselbe stets in barem Gelde gewährt und, soferne der Kursstand der Schuldverschreibungen den Nennwert derselben nicht erreicht, die Barzahlung im Verhältnisse dieser Differenz gekürzt.

1. Die Darlehen sind je nach dem Kursstande der Rentenscheine entweder in barem Gelde oder in Schuldverschreibungen zum Nennwerte zu gewähren.

Die Darlehenshingabe erfolgt in barem Gelde nur dann, wenn die Rentenscheine über pari stehen und durch den Kursgewinn, welcher bei der Veräußerung der Rentenscheine erzielt wird, mindestens die Ausgaben für Provision und Reichsstempelabgabe gedeckt werden können (§ 4 Instr. I). Über die Kursentwicklung der Landeskulturrentenscheine in den letzten 20 Jahren gibt folgende Tabelle Aufschluß:

Jahrgang	Kursstand der	
	$3^1/_2$%igen	4%igen
	Landeskulturrentenscheine	
1897	101,00 bis 102,40	—
1898	100,00 „ 101,90	—
1899	94,30 „ 100,70	—
1900	90,50 „ 95,50	—
1901	92,10 „ 98,40	—
1902	98,00 „ 100,00	—
1903	99,10 „ 100,60	—
1904	98,50 „ 100,20	—
1905	98,60 „ 100,20	—
1906	96,25 „ 99,50	—
1907	91,10 „ 96,70	—
1908	88,75 „ 93,25	—
1909	92,20 „ 96,05	101,00 bis 103,20
1910	90,50 „ 93,60	100,60 „ 101,60
1911	89,70 „ 92,20	100,10 „ 101,50
1912	86,70 „ 90,30	98,50 „ 100,60
1913	83,00 „ 87,60	95,75 „ 99,20
1914	80,90 „ 86,30	95,00 „ 98,00
1915	75,40	89,60
1916	75,30	89

Eine primäre Auszahlung der Darlehen in bar wird sonach angesichts des Kursstandes der Rentenscheine in absehbarer Zeit nicht möglich sein (vgl. aber Bem. 3!).

2. Bei der Hingabe des Darlehens in Schuldverschreibungen sind die Stückzinsen hieraus vom letzten Verfalltermine der Zinsscheine bis zum Tage der Darlehenshingabe vom Darlehensnehmer sogleich einzubezahlen (§ 4 Abs. 3 Satz 1 der Instr. I, S. 168). Werden also z. B. am 10. März Rentenscheine als Darlehen hinausgegeben, die mit Zinsscheinen ab 1. Januar des gleichen Jahres versehen sind, so hat der Darlehensnehmer den (ihm nicht gebührenden) Zins aus den Rentenscheinen für die Zeit vom 1. Januar bis 10. März einzubezahlen, da sich die Zinsscheine nicht teilen lassen. Seine Darlehensverzinsungspflicht beginnt dafür gleichfalls erst mit Erhalt der Darlehenssumme (vgl. Art. 6 Abs. 3 LKRAG.).

3. Beantragt der Darlehensnehmer den Verkauf der Rentenscheine für seine Rechnung (kann oder will er sie also nicht selbst verkaufen oder seinem Gläubiger in Zahlung geben), so ist der Verkauf von der Landeskultur-Rentenkasse zu vermitteln. Über die dabei sich ergebenden Einnahmen und Ausgaben ist eine besondere Abrechnung zu fertigen und solche vom Darlehensnehmer anerkennen zu lassen (§ 4 Abs. 3 Satz 2 und 3 der Instr. I, S. 168).

Bei Ansiedlungsdarlehen wird dieses Verfahren wohl allgemein zur Anwendung kommen. Denn infolge der Gewährung des Staatszuschusses zur Ausgleichung des Kursverlustes (Art. 7 AnsG.) führt es dazu, daß praktisch der Darlehensnehmer eben doch das ganze Darlehen in bar erhält.

4. Der Absatz 2 bedeutet, daß bei einem Darlehen im Nennbetrage von z. B. 2150 Mk. nur der Betrag von 2100 Mk. in Rentenscheinen gegeben werden kann, weil die kleinsten Rentenscheine auf 100 Mk. lauten (Art. 28 Abs. 1 LKRAG.). Der Spitzenbetrag von 50 Mk. muß also unter allen Umständen in bar bezahlt werden, wird aber bei einem Kursstande der Rentenscheine unter pari entsprechend gekürzt. Stehen die Rentenscheine also zur Zeit der Darlehenshingabe auf 90%, so

wird die Kapitalsspitze nicht mit den vollen 50 Mk., sondern nur mit $\frac{90}{100}$ von 50 = 45 Mk. ausbezahlt (vgl. § 7 der Instr. I, S. 168 f.).

5. Die Auszahlung der Darlehen erfolgt durch die Rentämter (vgl. Bem. 5 zu Art. 11 LKRAG.).

Art. 5 LKRAG.

I Die Darlehen sind seitens der Anstalt unkündbar.

II Ausnahmsweise ist die Kommission befugt, das Darlehen bzw. den ungetilgten Rest desselben zur Rückzahlung nach Ablauf von sechs Monaten zu kündigen:

1. *wenn das Darlehen nicht innerhalb der hiezu bestimmten Frist dem bestimmten Zwecke entsprechend verwendet wurde,*
2. *wenn die Rechtsgültigkeit oder der Rang der bestellten Hypotheken oder Reallasten bestritten wird,*
3. *wenn ein Besitznachfolger die persönliche Verbindlichkeit des Darlehensnehmers nicht übernimmt,*
4. *wenn der Kulturrentenpflichtige trotz Aufforderung es unterlässt, die ausgeführte Anlage in gutem Zustande zu erhalten.*

Der Artikel ist mit Art. 6 AnsG. gemeinsam besprochen. Näheres dort.

Art. 6 Abs. 2—4 LKRAG.

II Die gemäss Art. 2 Ziff. II gewährten Darlehen sind von dem auf die Darlehenshingabe folgen-

den Kulturrententermine angefangen mit einem Betrage zu verzinsen, welcher dem jeweiligen Zinssatze der aus Anlass der Darlehenshingabe ausgegebenen Landeskulturrentenscheine gleichkommt, und in der Regel durch Zahlung eines jährlichen Zuschlages von Eins vom Hundert der ursprünglichen Darlehenssumme zu tilgen. In besonders gelagerten Fällen ist die Kommission befugt, den Tilgungszuschlag bis auf drei Viertel vom Hundert der ursprünglichen Darlehenssumme zu ermässigen.

III Diese Zins- und Tilgungsbeträge bilden zusammen die vom Schuldner zu entrichtende Kulturrente und sind in halbjährigen Raten an dem durch Ministerialvorschrift festgesetzten Kulturrententermine in barem Gelde an die Anstalt abzuführen. Zugleich mit der ersten Halbjahrsrate der Kulturrente hat der Darlehensnehmer den Stückzins für die Zeit zwischen der Darlehenshingabe und dem darauffolgenden Kulturrententermine einzubezahlen. Erfolgt die Darlehenshingabe ausnahmsweise erst nach dem Termine, zu welchem gemäss der Schuldurkunde die Verzinsung und Tilgung zu beginnen hat, so wird dem Darlehensnehmer der entsprechende Stückzins gutgerechnet.

IV Die nach dem Darlehensnennwerte festgesetzten Zinsen sind der fortschreitenden Tilgung des Darlehens ungeachtet im vollen Betrage während der bestimmten Tilgungszeit fortzubezahlen und dienen, soweit sie mehr betragen als der Zins der Restschuld, zur Tilgung des Darlehens.

1. Die entsprechende Anwendung des Abs. 2 ist trotz seiner ausdrücklichen Nennung in Art. 5 AnsG. für das

Gebiet des AnsG. teils gegenstandslos, teils unzulässig. Gegenstandslos, soweit Satz 1 in Betracht kommt, weil dieser Satz fast wörtlich bereits als Art. 3 ins AnsG. übernommen ist; unzulässig aber, soweit Satz 2 in Betracht kommt. Denn da Art. 3 AnsG. den Satz 1 ausdrücklich dahin abändert, daß er bezüglich der Tilgungsquote von 1% an Stelle des „in der Regel" ein „mindestens" setzt, schließt er bewußt die im Art. 6 Abs. 2 Satz 2 LKRAG. gewährte Möglichkeit, in besonders gelagerten Fällen den Tilgungszuschlag auf $^3/_4$% zu ermäßigen, für das Gebiet des AnsG. aus (vgl. Bem. 5 zu Art. 3 AnsG. S. 63 und Bem. 1 zu Art. 5 S. 73).

2. Zu Abs. 3 und 4 siehe Bem. 2 und 6 zu Art. 3 AnsG. S. 61 und 63).

3. Die Kulturrente muß stets „in barem Gelde" bezahlt werden; eine Bezahlung in Rentenscheinen ist, auch soweit die Kulturrente Kapitalsrückzahlung (vgl. Art. 24, 25 LKRAG.) bildet, ausgeschlossen.

Art. 11 LKRAG.

I Bei der Prüfung des Gesuches kann die Kommission Sachverständige vernehmen oder durch die Distriktsverwaltungsbehörde vernehmen lassen. Die Sachverständigen können beeidigt werden.

II Auf Grund des Ergebnisses der Prüfung kann die Kommission dem Gesuchsteller für den Fall der Bestellung der geforderten Sicherheit ein Darlehen zusichern, welches den Betrag der zu erwartenden Wertserhöhung und, wenn die Kosten des Unternehmens geringer sind, den Betrag der letzteren nicht übersteigen darf. Dabei sind die Darlehensbedingungen zu bestimmen. Grössere Darlehen sollen in der Regel in Teilbeträgen nach Massgabe des Fortschreitens der Arbeiten ausgezahlt werden.

[III] *Mit der Auszahlung des Darlehens darf erst nach Bestellung der geforderten Sicherheit auf Anweisung der Kommission vorgegangen werden.*

1. Das Darlehensgesuch mit allen Plänen, Kostenvoranschlägen, Schätzungsgutachten usw. wird nach Vollendung der Vorbereitungen von der Kreisstelle für Kriegsbeschädigtenfürsorge (vgl. Bem. 15 zu Art. 1 AnsG. und Einleitung S. 19 ff.) der LKRKomm. zur Verbescheidung vorgelegt. Erachtet die Kommission noch Ergänzungen für erforderlich, so kann sie nicht nur, wie Abs. 1 bestimmt, Sachverständige eidlich vernehmen oder vernehmen lassen, sondern natürlich jede ihr erforderlich erscheinende Ergänzung oder Aufklärung verlangen und zu diesem Zweck die Verhandlungen zur Kreisfürsorgestelle zurückgeben.

2. Der Bescheid der LKRKomm. geht entweder auf Ablehnung des Gesuches oder Bewilligung eines Darlehens. (Wegen des Mangels eines Rechtsmittels gegen die Entscheidung der LKRKomm. vgl. Bem. 1a zu Art. 3 LKRAG. S. 75.)

Die Bewilligung geschieht bedingt, d. h. die Auszahlung des Darlehens wird zugesichert unter der Bedingung des Nachweises der vorherigen Bestellung der Hypothek gemäß Art. 4 AnsG. und der Erfüllung etwaiger weiterer Auflagen, wie sie im Einzelfall jeweils erforderlich erscheinen mögen (vgl. Bem. 2c und e zu Art. 2 S. 54, 56, Bem. 1 zu Art. 6 und Bem. 1b zu Art. 9). So wird es sich z. B. im Falle der Stärkung eines Grundbesitzes durch Vervollständigung des Inventars empfehlen, als Bedingung für die Auszahlung die Erbringung des Nachweises zu setzen, daß der Antragsteller die Gegenstände zu freiem Eigentum erworben (also kein Eigentumsvorbehalt des Verkäufers, keine Sicherungsübereignung, Verpfändung usw.!) und in das Anwesen verbracht hat; denn erst damit werden die Gegenstände Zubehör des Grundstücks und als solches von der Hypothek nach § 1120 BGB. mitumfaßt (vgl. Bem. 5 zu Art. 2 und Koppmann S. 121 f.).

In der Bewilligung ist der Betrag des zugesicherten Darlehens anzugeben. Die im Abs. 2 bestimmte Darlehenshöchstgrenze ist für das Gebiet des AnsG. ersetzt durch Art. 2 AnsG. Der für die Bemessung des Darlehens grundlegende Beleihungswert (vgl. Bem. 2—4 zu Art. 2 AnsG.) wird von der LKRKomm. auf Grund der Verhandlungen, Schätzungsgutachten, Sachverständigenvernehmungen usw. selbständig festgesetzt, soweit es sich nicht um ein von der Landessiedlungsstelle in das Verzeichnis der zur Ansiedlung geeigneten Anwesen aufgenommenes Besitztum handelt (vgl. Ziff. 10 der AB. I, S. 186). Bei den in das Verzeichnis aufgenommenen Anwesen ist der Wert durch die Landessiedlungsstelle schon ermittelt, weshalb es hier der Beibringung von Wertbemessungsgrundlagen nicht bedarf.

Eine Anordnung der Darlehensauszahlung in Teilbeträgen wird auch bei Ansiedlungsdarlehen in Betracht kommen können (vgl. Bem. 2 zu Art. 2 S. 54). — Dem Bescheid fügt die LKRKomm. einen Entwurf der Schuldbekenntnis- und Hypothekbestellungsurkunde bei.

3. Die Darlehenszusicherung gibt dem Darlehensnehmer, so wenig er vorher einen Anspruch auf die Bewilligung hat, einen Rechtsanspruch auf Gewährung des Darlehens (vgl. Bem. 14 zu Art. 1 AnsG. S. 49); die LKRAnst. ist damit zur Auszahlung der zugesicherten Darlehenssumme verpflichtet. (Das zeigt am besten Art. 13 Abs. 4 Satz 2 LKRAG., wonach die Anstalt ausnahmsweise trotz der erfolgten Zusicherung bei Beschlagnahme des Grundstückes zum Zwecke der Zwangsvollstreckung zur Auszahlung „nicht verpflichtet“ ist.) Allerdings entsteht der Rechtsanspruch nicht schlechthin und unbedingt, sondern nur

a) im Rahmen des Gesetzes; die Auszahlung kann erst nach Bestellung der geforderten Sicherheit beansprucht werden (Art. 11 Abs. 3 LKRAG.; vgl. hiezu unten Bem. 5); bei nicht plangemäßer Verwendung von Darlehensgeldern erlischt der Anspruch auf Gewährung des noch nicht ausbezahlten Darlehensrestes (Art. 13 Abs. 3 LKRAG.); ebenso erlischt der

Anspruch auf Auszahlung des Darlehens im Falle der Beschlagnahme des zu belehnenden Grundstücks zum Zwecke der Zwangsversteigerung (Art. 13 Abs. 4 Satz 2 LKRAG.)

b) im Rahmen der Bewilligung (Zusicherung); sämtliche dem Darlehensnehmer im übrigen gestellte Bedingungen müssen also, soweit sie vor der Auszahlung zu erfüllen sind, als ordnungsgemäß erfüllt nachgewiesen sein. (Vgl. unten Bem. 5.) Wegen Anträgen auf nachträgliche Abänderung gestellter Bedingungen vgl. unten Bem. 6.

Mit diesem Abmaße aber hat der Darlehensnehmer aus der Darlehenszusicherung entspringend einen Rechtsanspruch auf die Darlehensgewährung, den er nötigenfalls auch gerichtlich geltend machen könnte. (Anders § 12 Abs. 1 KAG., der ausdrücklich bestimmt, daß aus der Bewilligung der Abfindung nicht auf Auszahlung geklagt werden kann.)

4. Ein Widerruf der Darlehenszusicherung gemäß § 610 BGB. (bei Vermögensverfall des Darlehensnehmers vor erfolgter Auszahlung) dürfte der LKRAnst. mangels besonderer Abmachung nicht gestattet sein; denn, wie überhaupt bei den hypothekarischen Darlehen, ist auch hier der — durch § 610 BGB. zu sichernde — Rückerstattungsanspruch des Darlehensgebers angesichts seiner dinglichen Sicherheit mit den Vermögensverhältnissen des Darlehensnehmers nicht derartig eng verknüpft, daß, wie bei den dinglich nicht gesicherten Darlehen, nach der Auslegungsregel des § 610 BGB. im Zweifel die clausula rebus sic stantibus als gewollt zu gelten hätte.

5. Die bewilligten Darlehen werden von der LKRKomm. bei der Grundrentenablösungskasse als Landeskultur-Rentenkasse zur Auszahlung angewiesen und von dieser nach Eintreffen der vollzogenen Schuldurkunden in barem Gelde oder in Rentenscheinen den Rentämtern behufs Auszahlung an die Darlehensnehmer oder die zum Zahlungsempfang Bevollmächtigten übermittelt (§ 3 der Instr. I und § 2 der Instr. II,

S. 167, 177). Sind für die Auszahlung noch besondere **Bedingungen** gesetzt, so wird die Landeskulturrentenkasse das Darlehen erst auszahlen dürfen, wenn ihr **zudem** von der Kommission noch die Erfüllung der Bedingungen angezeigt wurde; denn der Nachweis der Erfüllung der gesetzten besonderen Bedingungen wird vom Darlehensnehmer nicht der LKRKasse, sondern nur der LKRKomm. gegenüber zu führen sein.

Das Erfordernis der vorherigen Vorlage der vollzogenen Schuldurkunden bereitet im Gebiet des LKRAG. keine Schwierigkeiten, weil es sich da nur um die Belastung von dem Darlehensnehmer schon gehörigen Grundstücken handelt. Im Bereich des AnsG. wird es sich dagegen sehr häufig um Anwesen handeln, die erst mittels des Darlehens erworben werden sollen, die also erst auf den Darlehensnehmer umgeschrieben werden müssen, wenn die Eintragung der Hypothek der LKRAnst. erfolgen können soll; ferner werden in jenen Fällen, wo das Darlehen zur Rückzahlung anderer Hypotheken dienen soll, diese letzteren schon zur Löschung gebracht werden müssen, damit die Hypothek der LKR.-Anst. innerhalb ihrer Beleihungsgrenze untergebracht werden kann. Über die Wege, auf denen diese Frage zu lösen ist, vgl. Bem. 5 zu Art. 13 LKRAG. S. 88ff.

6. Werden hinsichtlich der Auszahlung von den Darlehensnehmern Anträge gestellt, welche eine **Änderung der bei der Darlehensbewilligung festgesetzten Bedingungen** bezielen, so sind diese Anträge der LKRKomm. zur Bescheidung vorzulegen (§ 3 Abs. 3 der Instr. I, S. 167).

Art. 13 LKRAG.

I Das Darlehen darf nur zur Ausführung des Unternehmens, für welches dasselbe bewilligt ist, verwendet werden.

II Die ausgeführte Anlage ist von dem Kulturrentenpflichtigen in gutem Zustande zu erhalten.

[III] Die Kommission kann im Falle nicht planmässiger Verwendung von Darlehensgeldern nach freiem Ermessen die Auszahlung weiterer Teilbeträge einstellen oder von Bedingungen abhängig machen.

[IV] Der Anspruch auf die noch nicht ausbezahlten Darlehensbeträge kann nur mit dem Grundstücke, auf welchem das Unternehmen ausgeführt werden soll, veräussert werden. Ist das Grundstück zum Zwecke der Zwangsvollstreckung in Beschlag genommen, so ist die Anstalt zu der Auszahlung nicht verpflichtet.

1. Ein Verstoß des Darlehensnehmers gegen die ihm durch Abs. 1 und 2 auferlegten Pflichten gibt der LKRAnst. das Recht zur Kündigung des bereits ausbezahlten Darlehensbetrages nach Art. 5 Abs. 2 Ziff. 1 und 4 LKRAG. (vgl. Bem. 2 zu Art. 6 AnsG.). Soweit dagegen das Darlehen noch nicht ausbezahlt ist, mußte eine eigene gesetzliche Handhabe zur Zurückhaltung dieses Betrages für den Fall nicht planmäßiger Verwendung des vorher ausbezahlten Darlehensteiles besonders geschaffen werden (Abs. 3), weil sonst der Darlehensnehmer auf jeden Fall die Ausbezahlung hätte verlangen können. (Wegen der Überwachung der angemessenen Verwendung des Darlehens vgl. Bem. 10 zu Art. 6 AnsG.).

2. Wegen Abs. 2 vgl. Bem. 2b zu Art. 6 AnsG.

3. Abs. 3 und Abs. 4 Satz 2 moderieren den auf die Darlehenszusicherung nach Art. 11 Abs. 2 LKRG. gegründeten Rechtsanspruch des Darlehensnehmers auf Gewährung des Darlehens in gewisser Hinsicht. Weitere Beschränkungen kann die Darlehenszusicherung selbst durch Setzung von Bedingungen für die Darlehenshingabe schaffen (vgl. Bem. 2 und 3 zu Art. 11 LKRAG., S. 83 ff.).

4. Der Anspruch auf Gewährung des Darlehens bzw. des noch ausständigen Darlehensteiles ist, zumal bei der besonderen Natur des Ansiedlungsdarlehens, unübertragbar (§ 399 BGB.). Die im Abs. 4 Satz 1 für das Gebiet des LKRAG. zugelassene Ausnahme — Zulässigkeit der Anspruchsübertragung bei gleichzeitiger Veräußerung des Anwesens an ein und dieselbe Person — ist für das Gebiet des AnsG. nicht entsprechend anwendbar, weil sie zwar keinem einzelnen Artikel, wohl aber dem ganzen Geist und Zweck des Gesetzes zuwiderliefe. Denn hier würde eine solche gemeinsame Veräußerung den Darlehenszweck (Ansiedlung des bestimmten Kriegsbeschädigten auf dem für ihn geeignet befundenen Anwesen) vollkommen vereiteln, während sie im eigenen Gebiet des LKRAG. die Erreichung des Darlehenszweckes (Förderung einer bestimmten Unternehmung auf dem bestimmten Grundbesitz ohne notwendige Rücksicht auf die Person des Eigentümers) keineswegs hindert. Der Anspruch auf Gewährung des bewilligten (zugesicherten) Darlehens ist also unter allen Umständen unübertragbar. Er kann nicht abgetreten, ge- oder verpfändet werden (§§ 399, 1274 Abs. 2 BGB., 851 Abs. 1 ZPO.). Vgl. hiezu Gaupp-Stein Bem. III zu § 851 ZPO.; Seuffert Bem. 1 zu § 851 ZPO. Stirbt der Antragsteller nach Bewilligung aber vor Erhalt des Darlehens, so haben seine Erben keinen Anspruch auf Darlehensgewährung; denn da hier der Anspruch auf Darlehensgewährung dem ganzen Sinne des Gesetzes nach untrennbar mit der Person des Kriegsbeschädigten verknüpft ist, erlischt er mit dem Tode seines Trägers, ist also auch unvererblich (vgl. Staudinger Bem. IV 2 c zu § 1922 BGB.).

5. Von dem Anspruch auf Gewährung des Darlehens zu unterscheiden ist der hievon abzuspaltende Anspruch auf Auszahlung der Darlehenssumme. Die Frage der Existenz und der Abtretbarkeit dieses Anspruchs ist für das Gebiet des AnsG. wichtig, weil hier der Darlehensnehmer häufig schon vor der Darlehensauszahlung[1]) über den in der Darlehens-

[1]) Vor der Darlehensbewilligung dagegen soll das Anwesen keinesfalls erworben werden, wenn zur Erfüllung der

zusicherung liegenden Vermögenswert verfügen können muß; denn er muß ja vor Erhalt des Darlehens schon die vollzogenen Schuldurkunden vorlegen (Art. 11 Abs. 3 LKRAG.), also im Falle des Erwerbes eines Anwesens dieses zur Ermöglichung der Eintragung der Hypothek der LKRAnst. schon aufgelassen erhalten, längst vor er mit der Darlehenssumme den Verkäufer bezahlen kann; oder er muß (bei Stärkung des Anwesens durch Verbesserung der Schuldverhältnisse) zur Ermöglichung der Unterbringung der Hypothek der LKRAnst. an der vorgesehenen Stelle innerhalb der Beleihungsgrenze die heimzuzahlenden Hypotheken zur Löschung bringen, ohne die Gläubiger aus der Darlehensvaluta bereits befriedigen zu können.

Die in Literatur und Rechtsprechung herrschende Ansicht nimmt nun an, daß die dem bestimmungsgemäßen Darlehenszweck dienende Abtretung des Anspruchs auf Auszahlung der Darlehenssumme (für Rechnung des Darlehensnehmers und mit der Wirkung, daß nur er Darlehensschuldner wird) zulässig sei (vgl. Oertmann, Recht der Schuldverhältnisse, Bem. 1 a ε zu § 399 S. 310). (Wegen der Pfändbarkeit dieses Anspruchs vgl. unten Bem. 6.) Will man, wie Oertmann a. a. O., diesen Weg nicht für zulässig halten, so ist der gleiche wirtschaftliche Erfolg auch mit anderen Mitteln zu erreichen. Der Darlehensnehmer kann seinem Gläu-

---

Zahlungspflichten des Kriegsbeschädigten das erst erbetene Darlehen bestimmt oder auch nur mitbestimmt ist. Denn wenn dann das Darlehen nicht oder nur unter Bedingungen bewilligt wird, die sich mit den bereits geschlossenen Verträgen nicht vereinen lassen, so entstehen schwere Enttäuschungen und Differenzen. Das Justizministerium hat deshalb mit Bek. vom 2. Juli 1917 Nr. 24320 (Beiblatt zum JMBl. 1917 S. 164) für das Gebiet des KAG., wo die Verhältnisse in dieser Hinsicht ganz entsprechend liegen, auf diese Gefahr hingewiesen und die Notare angehalten, vor Bewilligung der Kapitalabfindung solche Verträge tunlichst überhaupt nicht, in Fällen besonderen Bedürfnisses aber jedenfalls nur den obligatorischen Vertrag und zwar bedingt durch die spätere Bewilligung der Kapitalabfindung zu protokollieren. (Der Anspruch auf Eigentumsübertragung kann nötigenfalls durch eine Vormerkung gemäß § 883 BGB. gesichert werden). Für das Gebiet des AnsG. empfiehlt sich das gleiche Verfahren.

biger eine Anweisung auf die Darlehenssumme erteilen (§ 784 BGB.) oder er kann ihn zum Zahlungsempfang unwiderruflich bevollmächtigen (vgl. Oertmann, Allgemeiner Teil Bem. 3c zu § 168 S. 528 f.). Oder er kann, was sich besonders bei einer Mehrheit von Gläubigern empfiehlt, eine dritte Vertrauensperson (z. B. den Notar) zur Empfangnahme der Darlehenssumme und Abführung der Schuldbeträge an die Gläubiger unwiderruflich bevollmächtigen. (Wegen des Nachweises der Vollmacht vgl. § 11 der Instr. I, S. 170.) Schließlich wäre auch noch (vgl. RGZ. 66, 359 ff.) der Weg denkbar, daß auf Antrag des Kriegsbeschädigten die Darlehenszusicherung (§ 11 Abs. 2 LKRAG.) bereits mit der Maßgabe ergeht, daß die Auszahlung unmittelbar an den Gläubiger erfolgen soll, dieser also ein eigenes Recht auf Auszahlung erhält; allerdings bestände dieser Anspruch des Gläubigers nicht schlechthin und unbedingt, sondern er unterläge den gleichen Einschränkungen, wie der Anspruch des Kriegsbeschädigten selbst auf die Darlehensgewährung (Bem. 3 zu Art. 11 LKRAG.).

Welcher von den angedeuteten Wegen auch eingeschlagen werden mag, stets bleibt hier zu beachten, daß eine Auszahlung der Darlehenssumme — gleichviel ob an den Darlehensnehmer selbst, oder an seine Vertreter, Bevollmächtigten oder Gläubiger — nur nach Vorlage der vollzogenen Schuldurkunden erfolgen darf. [Wesentlich anders liegt die Sache bei der Auszahlung der Kapitalabfindung nach dem KAG. Die Vorlage der vollzogenen Schuldurkunden ist dort keine gesetzlich vorgeschriebene Bedingung für die Auszahlung. Andererseits ist dort dem Gläubiger auch mit einer Abtretung des aus der Bewilligung fließenden Anspruchs gegen den Militärfiskus wenig gedient, weil dieser Anspruch unklagbar ist (§ 12 Abs. 1 KAG.). Deshalb wird dort unter Umständen in der Art vorgegangen, daß nach Vorlage der notariellen (noch nicht vollzogenen!) Urkunden an die Prüfungsstelle die Auszahlung der Abfindung an den Notar mit der Maßgabe erfolgt, daß dieser die Abführung der Beträge an die oder den Gläubiger nur im Einverständnis mit der Prüfungsstelle, also erst bei nachgewiesenem Vollzug der Urkunden im Grundbuch vornehmen darf (vgl. Koppmann S. 120 f.). — Auch hier wird die Siedlungsgesellschaft zuweilen sonst nicht zu beseitigende Hindernisse durch Gewährung von Zwischenkredit zu beheben haben (vgl. Bem. 2c zu Art. 2 S. 56 und Einleitung S. 25).]

In all den vorgenannten Fällen ist der Gläubiger des Kriegsbeschädigten bei Vorausleistung seinerseits durch die bezeichneten Maßnahmen nicht völlig gesichert, weil eben der Anspruch auf Auszahlung der Darlehenssumme mit jenem auf Gewährung des Darlehens steht und fällt. Stirbt z. B. der Kriegsbeschädigte nach vollzogener Auflassung, jedoch vor Auszahlung des Darlehens, so erlischt mit dem Anspruch auf Darlehensgewährung (oben Bem. 3 a. E.) natürlich auch der hievon abgespaltete Anspruch auf Auszahlung der Darlehenssumme und der Verkäufer muß sehen, daß er sein Anwesen von den Erben des Verstorbenen wieder zurückbekommt. Zweckmäßig wird deshalb der vorleistende Verkäufer oder Hypothekgläubiger stets verlangen müssen, daß für ihn gemäß § 883 BGB. eine Vormerkung eingetragen wird zur Sicherung seines Anspruches auf Rückauflassung oder Neueinräumung der Hypothek an der bisherigen Rangstelle für den Fall, daß das Ansiedlungsdarlehen nicht oder nicht innerhalb einer gewissen Frist zur Auszahlung gelangt.

6. Will man das Bestehen eines eigenen Anspruchs auf Auszahlung der Darlehenssumme und dessen Abtretbarkeit anerkennen (vgl. oben Bem. 5 S. 89), so wird man an sich auch dessen Pfändbarkeit annehmen müssen. Praktisch wird aber eine Pfändung dieses Anspruchs (§ 851 Abs. 2 ZPO.) für außenstehende Gläubiger hier noch weniger als bei den Baugeldern in Betracht kommen, weil es sich hier nicht nur um „zweckbestimmtes Geld" (Gaupp-Stein Bem. III zu § 851 ZPO.), sondern auch um einen nur bedingten Anspruch auf Auszahlung handelt (vgl. oben Bem. 2 und Bem. 5), dessen Bedingungen ihrer ganzen Natur nach nur der Darlehensnehmer erfüllen kann und natürlich nicht erfüllen würde, wenn ihm der Anspruch auf Auszahlung der Darlehenssumme gepfändet und dem Pfändungsgläubiger zur Einziehung überwiesen wäre.

Art. 23 LKRAG.

Die Kulturrenten werden durch die Rentämter eingehoben und es steht denselben hiewegen das Vollstreckungsrecht zu.

1. Die Einhebung hat durch die Rentämter auf Grund der ihnen seitens der Landeskulturrentenkasse zugehenden Verzeichnisse innerhalb längstens 3 Wochen nach Umfluß des Zahlungstermines zu geschehen (§ 4 Abs. 2 der Instr. II, S. 178).

2. Die Beitreibung rückständiger Kulturrenten erfolgt nach Maßgabe der Bekanntmachungen vom 27. Dezember 1899 Nr. 29 534, die Vorschriften über die Beitreibung der Staatsgefälle betreffend (FMBl. S. 355), und vom 17. Mai 1900 Nr. 11 393, die Vorschriften über die Beitreibung der Staatsgefälle, hier die Pfändung von Früchten und dem Betriebe der Landwirtschaft dienenden Gegenstände betreffend (FMBl. S. 283).

Gerät ein Schuldner der Anstalt in Konkurs, so sind die Forderungen derselben mit Rücksicht auf den hiefür gemäß §§ 4 und 47 der KO. bestehenden Anspruch auf abgesonderte Befriedigung im Konkursverfahren nicht anzumelden.

Die rechtliche Vertretung der LKRAnst. in den zwischen ihr und den Darlehensnehmern aus den bewilligten oder vollzogenen Darlehen entspringenden Rechtsverhältnissen ist nach Maßgabe des § 6 der Allerhöchsten Verordnung vom 8. Februar 1911 zum Vollzuge des Gesetzes über die LKRAnst. (GVBl. S. 77) den Regierungsfinanzkammern übertragen, an welche die Rentämter gegebenen Falles zu berichten haben. (§ 7 der Instr. II, S. 179.)

3. Aus den Kulturrenten, welche länger als vier Wochen vom Verfalltage an im Ausstande verbleiben, sind vier Prozent Verzugszinsen vom Verfalltage bis zum Zahltage zu berechnen und durch die Rentämter zur Einhebung und Ablieferung zu bringen (§ 8 der Instr. II, S. 180).

Art. 24 LKRAG.

I Dem Schuldner steht nach vorausgegangener dreimonatlicher Kündigung frei, das Darlehen auch vor Ablauf der bestimmten Tilgungsperiode ganz oder teilweise entweder in barem Gelde oder in Rentenscheinen der entsprechenden Zinsgattung zum Nennwerte zurückzuzahlen oder in gleicher Weise die bestellte Reallast abzulösen.

II Freiwillige teilweise Zurückzahlungen und Ablösungen sind unter dem Betrage von 50 ℳ nicht gestattet.

III In jedem dieser Fälle ist die Kulturrente für das laufende Halbjahr voll zu entrichten.

Art. 25 LKRAG.

Rentenscheine der entsprechenden Zinsgattung können auch dann zu ihrem Nennwerte zur Zurückzahlung des Darlehens oder zur Ablösung der Reallast verwendet werden, wenn die Zurückzahlung oder Ablösung auf Verlangen der Kommission erfolgt.

1. Soweit es sich um Ansiedlungsdarlehen handelt, zu denen ein Staatszuschuß nach Art. 7 AnsG. gewährt wurde, ist eine Zurückzahlung in Renten-

scheinen ausgeschlossen (Art. 7 Abs. 2 AnsG.; vgl. Bem. 6 hiezu).

2. Über Kündigung vgl. Bem. 9 zu Art. 6 AnsG.

Während das Darlehen für die LKRAnst. grundsätzlich unkündbar ist, kann der Darlehensnehmer jederzeit ohne Nachweis eines besonderen Kündigungsgrundes kündigen. Kündigungen von Schuldnern sind bei dem mit der Erhebung der Kulturrente betrauten Rentamte schriftlich oder zu Protokoll zu erklären. Das Rentamt hat den Tag des Einlaufs der schriftlich erklärten Kündigung festzustellen. Dem Schuldner ist Bescheinigung darüber mitzuteilen, daß und wann die Kündigung erfolgt ist. Die Kündigungen sind vom Rentamte sofort der Landeskultur-Rentenkasse zu übersenden (§ 16 Abs. 3 der Instr. I, S. 171 f.).

Der Darlehensschuldner hat — wie die LKRAnst. in den Fällen ihres Kündigungsrechtes — bestimmte Kündigungstermine nicht einzuhalten (vgl. Bem. 7 zu Art. 6 AnsG.), dagegen grundsätzlich eine Kündigungsfrist von 3 Monaten zu wahren. Ausnahmsweise kann die Anstaltsverwaltung von der Forderung einer Einhaltung der 3monatigen Frist absehen (vgl. Haag, Bem. 3 zu Art. 24 S. 104). Anträge von Darlehensschuldnern um Gewährung einer kürzeren als der im Gesetze vorgesehenen dreimonatigen Kündigungsfrist sind von der Landeskultur-Rentenkasse mit gutachtlicher Äußerung der LKRKomm. vorzulegen (§ 16 Abs. 4 der Instr. I, S. 172).

3. Die Kulturrente für das bei der Rückzahlung laufende Halbjahr ist unter allen Umständen noch zu bezahlen (§ 17 Abs. 2 der Instr. I, S. 172).

4. Durch eine teilweise Heimzahlung kann seitens des Schuldners die Abminderung des Kapitals und der Kulturrente herbeigeführt, ebenso aber auch nur die Abminderung des Darlehens allein beabsichtigt und dadurch die Kürzung der Tilgungsperiode bezweckt werden (§ 17 Abs. 3 der Instr., S. 172).

Art. 26 LKRAG.

Die Verhältniszahlen, mittelst welcher der durch Entrichtung der Kulturrente während eines bestimmten Zeitraums getilgte Betrag sich berechnet, werden für die einzelnen Zinsgattungen durch Ministerial-Vorschrift bestimmt.

Die Verhältniszahlen sind enthalten in den Tabellen der Bekanntmachung der K. Staatsministerien des Innern und der Finanzen vom 18. Juli 1908.

Für das Gebiet des AnsG. kommt von den dort behandelten Zinssätzen von 3¼, 3½, 3¾ und 4% künftig wohl nur der letztere praktisch in Betracht, weshalb der Raumersparnis halber im Anhang (S. 160 ff.) nur die für den 4%igen Zinsfuß aufgestellte Tabelle abgedruckt ist.

Die Tabellen ermöglichen einerseits jederzeit eine genaue Feststellung, wieviel von dem Darlehen zu einem bestimmten Zeitpunkt schon getilgt ist, welcher Rest also noch besteht, andererseits geben sie auch genaue Auskunft, wie hoch die Kulturrente (= Zins + Tilgungsquote) sein muß, wenn ein Darlehen in bestimmter Zeit restlos getilgt werden soll, bzw. wie lange sich die Tilgungsdauer bei einer Kulturrente von bestimmter Höhe bemißt.

Art. 27 LKRAG.

I Die Bewilligung zur Löschung der für die Landeskultur-Rentenanstalt eingetragenen Hypothek oder Reallast oder zur Umschreibung der Hypothek wird von der Anstaltsverwaltung durch schriftliche Erklärung erteilt.

(II Hat die Hypothek den Vorrang vor den zur Zeit der Eintragung bestehenden Hypotheken, Grundschulden und Rentenschulden nach Art. 12 Ziff. 4 erlangt, so kann diesen Rechten gegenüber der Vorrang, soweit sich die Hypothek mit dem Eigentum an dem be-

lasteten Grundstück in einer Person vereinigt, nicht geltend gemacht werden.)

1. Die LKRAnst. ist eine Staatsanstalt (Art. 1 LKRAG.). Ob aber die von der Anstaltsverwaltung (der rechtlichen Vertreterin der LKRAnst., vgl. unten Bem. 2) schriftlich erklärte Löschungs- oder Umschreibungsbewilligung (vgl. hiezu Bem. 1 zu Art. 31 LKRAG. Buchstabe d) eine öffentliche Urkunde (§ 29 GBO.) darstellt, könnte mangels einer ausdrücklichen gesetzlichen Zuständigkeitsregelung vielleicht zweifelhaft sein, da nur die von einer öffentlichen Behörde im Bereich ihrer Zuständigkeit formgerecht abgefaßte Urkunde eine öffentliche Urkunde ist (vgl. § 148 DAnw. und Henle-Schmitt Bem. 5 zu § 29 GBO.). Abs. 1 bestimmte deshalb ausdrücklich die Zuständigkeit der Anstaltsverwaltung zur eigenen schriftlichen Beurkundung ihrer Löschungs- bzw. Umschreibungsbewilligungserklärung; somit ist die dermaßen beurkundete Erklärung eine öffentliche Urkunde und genügt den Erfordernissen des § 29 GBO.

2. Anstaltsverwaltung, d. h. rechtliche Vertreterin der LKRAnst., ist hier die örtlich zuständige Regierungsfinanzkammer (§ 6 der K. Verordnung vom 8. Februar 1911 zum Vollzug des LKRAG. S. 153; vgl. Haag Bem. 2 zu Art. 27 S. 106).

3. Abs. 2 ist für den Bereich des AnsG. nicht anwendbar, da er sich nur auf den ins AnsG. nicht übernommenen Art. 12 Ziff. 4 LKRAG. bezieht.

Art. 28 LKRAG.

I Die Rentenscheine lauten auf den Inhaber, werden in Stücken zu 5000, 1000, 500, 200 und 100 ℳ ausgegeben und in halbjährigen Raten verzinst.

II Der Nennwert der ausgegebenen Rentenscheine einer jeden Zinsgattung darf den Betrag der gewährten Darlehen der entsprechenden Zinsgattung nicht überschreiten.

[III] Wird das Darlehen in barem Gelde gegeben, so können Rentenscheine der entsprechenden Zinsgattung in der Höhe des gewährten Darlehens ausgegeben werden. Ein dabei erzielter Gewinn fällt dem Reservefonds der Anstalt zu. Diesem Reservefonds werden ferner die durch Nichterhebung und Verjährung von Zinsscheinen, dann von verlosten oder gekündigten Rentenscheinen erzielten Summen, sowie die Zinsen der Kapitalien dieses Fonds zugewiesen.

1. Bei der Abgabe der Landeskultur-Rentenscheine an den Darlehensnehmer bzw. ihrer Veräußerung für seine Rechnung (vgl. Bem. 3 zu Art. 4 LKRAG. S. 79) bleibt die Wahl der Stücke unter Berücksichtigung der obwaltenden Verhältnisse und der Bedürfnisse des Geldmarktes dem Ermessen der Landeskultur-Rentenkasse überlassen (§ 6 Instr. I, S. 168).

2. Über Art der Hingabe der Kapitalsspitzen, die — weil unter 100 Mk. — in Rentenscheinen nicht gegeben werden können, vgl. Bem. 4 zu Art. 4 LKRAG. S. 79 f.

3. Die Ausgabe von Rentenscheinen ist nicht nur beschränkt durch den jeweils gesetzlich besonders festgelegten Gesamt-Maximalbetrag (z. B. 100 000 000 Mk.; vgl. Bem. 2 zu Art. 14 AnsG.), sondern auch innerhalb der betreffenden Zinsgattung durch den Betrag der gewährten Darlehen der entsprechenden Zinsgattung. Nur insoweit besteht ja auch eine Deckung dieser Staatsschuld durch die für die Darlehen bestellten Hypotheken.

4. Die Rentenscheine sind mündelsicher (§ 1807 Abs. 1 Ziff. 2 BGB.).

5. Wegen abhanden gekommener oder vernichteter Rentenscheine vgl. §§ 799 f. BGB. und § 1 Abs. 1 bis 3 der Instr. I (S. 166); wegen der Umschreibung von Rentenscheinen auf den Namen bestimmter Berechtigter vgl. § 806 BGB. und § 1 Abs. 1 und 2 der Instr. I (S. 166).

6. Über die Darlehenshingabe in bar vgl. Bem. 1 und 3 zu Art. 4 LKRAG. S. 77 ff.

7. Der nach Abs. 3 gebildete Reservefonds kommt für die Deckung von Ausfällen, die auf Ansiedlungsdarlehen entstehen, nicht in Betracht; vielmehr werden diese etwaigen Ausfälle an Kapital und Zinsen — im Gegensatz zu dem insoweit nicht entsprechend anwendbaren Art. 32 LKRAG. (vgl. die Bem. hiezu) — der LKRAnst. vollkommen von der Staatskasse ersetzt (vgl. Bem. 1 zu Art. 13 AnsG.).

Art. 29 LKRAG.

Die fälligen Zinsabschnitte der Rentenscheine werden bei sämtlichen Stellen eingelöst, welche zur Einlösung von Zinsabschnitten der Staatschuld bestimmt sind.

1. Die Zinsscheine der bayerischen Staatsschuld werden bis auf weiteres bei folgenden Stellen eingelöst: bei der K. Hauptkasse der Staatsschuldenverwaltung in München; bei den K. Bay. Kreiskassen und Rentämtern; bei der K. Bay. Hauptbank in Nürnberg und deren Filialbanken, ausgenommen der K. Filialbank München; bei der Direktion der Diskontogesellschaft in Berlin und in Frankfurt a. M.; bei dem Bankhause von Erlanger und Söhne in Frankfurt a. M.; bei der Filiale der Deutschen Bank in Hamburg (Bekanntmachung der Direktion der K. Staatsschuldenverwaltung vom 5. Mai 1917, Bay. Staatszeitung Nr. 107 2. Blatt S. 7).

2. Hinsichtlich des Erlöschens und der Verjährung der Forderungen aus den Zinsabschnitten der Rentenscheine gilt § 801 BGB. Danach erlischt dieser Anspruch, wenn der Zinsabschnitt nicht innerhalb der Vorlegungsfrist dem Aussteller zur Einlösung vorgelegt oder der Anspruch gerichtlich geltend gemacht

wird. Die Vorlegungsfrist (eine Ausschlußfrist) beginnt mit dem Schlusse des Jahres, in welchem die für die Leistung bestimmte Zeit eintritt, und beträgt 4 Jahre. Erfolgt die Vorlegung usw. innerhalb der Vorlegungsfrist, so verjährt der Anspruch in 2 Jahren vom Ende der Vorlegungsfrist an. (Wegen Verjährung der Forderung aus den Rentenscheinen selbst vgl. Bem. 3 zu Art. 30 LKRAG.)

3. Wegen abhanden gekommener Zinsabschnitte der Rentenscheine vgl. § 804 BGB. und § 1 Abs. 1 bis 3 der Instr. I (S. 166).

4. In den Forderungsangelegenheiten der Staatsgläubiger aus den Landeskultur-Rentenscheinen wird der Staat durch die Direktion der Staatsschuldenverwaltung vertreten (§ 6 der K. Verordnung vom 8. Februar 1911 zum Vollzuge des LKRAG., S. 154).

Art. 30 LKRAG.

I Den Inhabern der Rentenscheine steht kein Kündigungsrecht zu.

II Die K. Staatsschuldtilgungsanstalt hat das Recht der Kündigung eines beliebigen Teiles oder auch des ganzen Betrages der umlaufenden Rentenscheine.

III Insoweit die Rentenscheine nicht im Wege der nach Art. 24 und 25 vor Ablauf der Tilgungsperiode erfolgenden Kapitalsrückzahlung oder Rentenablösung eingelöst werden, ist zu deren Einlösung und Heimzahlung im Wege der Verlosung ein Betrag zu verwenden, welcher sich bildet aus:

1. *den für jede der nach Art. 6 Abs. 1 und 4, dann Art. 9 Abs. 2 Ziff. 1 treffenden Tilgungsperioden erforderlichen Tilgungsbeträgen und den ersparten Zinsen,*

2. *den vor Ablauf der Tilgungsperiode in Barem erfolgten Kapitalsrückzahlungen und Rentenablösungen,*

insoweit die Einnahmen nicht zur Hingabe neuer Darlehen von der gleichen Zinsgattung verwendet werden können.

IV An den mit Bekanntgabe der Kündigung oder des Verlosungsergebnisses zu bestimmenden Terminen treten die betreffenden Rentenscheine ausser Verzinsung und wird der Nennwert derselben bar ausgezahlt.

V Zur Ergänzung des Verlosungsplanes kann nach Verhältnis der vorhandenen Mittel eine entsprechende Anzahl von Rentenscheinen auch durch Ankauf seitens der Anstalt dem Verkehre entzogen werden.

1. Die Anschauungen über den Wert der Verlosung als Tilgungsmittel für diese Staatsschuld haben sich geändert. Eine Anregung, die Rentenscheine unverlosbar zu machen, war seinerzeit bei den Gesetzesberatungen nicht durchgedrungen (vgl. Haag S. 110). Schon die Novelle vom 18. Mai 1900, die an Abs. 3 des Art. 30 den Zusatz „insoweit die Einnahmen.... können" hinzufügte, bezeichnet dagegen in der Begründung ihres Entwurfes die so erzielte Vermeidbarkeit der Verlosung als vorteilhaft (Haag S. 110). In der Begründung zum Entwurfe eines Gesetzes, das Staatsschuldbuch betreffend (Beil. 3 zu den Verhandlungen der Bay. K. d. Abg. 1912 XXXVI. Landtagsvers. Beil. Bd. I S. 14) endlich wird vom Staatsministerium der Finanzen ausgeführt: „Was die Landeskulturrentenschuld anlangt, so möchte noch bemerkt werden, daß in Aussicht genommen ist, für sie im Gesetzeswege die Verlosung als Tilgungsmodus aufzuheben und durch die Tilgung im Wege der Kündigung und des Rückkaufs zu ersetzen." Eine Abänderung des Art. 30 LKRAG. in diesem Sinne ist bisher nicht erfolgt.

2. Der Anspruch aus den Rentenscheinen erlischt mit dem Ablaufe von 30 Jahren nach dem Eintritt der für die Leistung bestimmten Zeit, wenn nicht die Urkunde vor dem Ablaufe der 30 Jahre dem Aussteller zur Einlösung vorgelegt wird. Erfolgt die Vorlegung innerhalb der Frist, so verjährt der Anspruch in 2 Jahren von dem Ende der Vorlegungsfrist an. Der Vorlegung steht die gerichtliche Geltendmachung des Anspruchs aus der Urkunde gleich (§ 801 BGB.).

Den „Eintritt der für die Leistung bestimmten Zeit" umschreibt hier der Abs. 4.

3. Wegen Verjährung und Erlöschens der Ansprüche aus den Zinsabschnitten der Rentenscheine vgl. Bem. 2 zu Art. 29 LKRAG. S. 98 f.

4. Wegen der rechtlichen Vertretung des Staates als Schuldners der Rentenscheininhaber vgl. Bem. 3 zu Art. 29 LKRAG. S. 99.

Art. 31 LKRAG.

I Die Verhandlungen und Bescheide in Landeskulturrentensachen sind gebührenfrei. Für Schuldbekenntnisse und Bestellungen von Hypotheken und Reallasten, für Rangänderungen zugunsten der zu bestellenden Hypotheken oder Reallasten, mit Einschluss der Berichtigung der Hypotheken-, Grundschuld- und Rentenschuldbriefe, sowie für Eintragung und Löschung der Hypotheken und Reallasten und für die Umschreibung der Hypotheken auf den Eigentümer des belasteten Grundstücks werden Gebühren zur Staatskasse nicht erhoben. Das gleiche gilt für Erklärungen, welche die Aufhebung einer Hypothek, Grundschuld oder Rentenschuld zugunsten der zu bestellenden Hypothek oder Reallast betreffen.

II Kosten, welche für Beiziehung von Sachverständigen und für sonstige zur Vorbereitung der Bescheide dienende Geschäfte, dann für Bestellung der Sicherheit erwachsen, sind vom Darlehenssucher zu tragen.

1. Die Gebühren- (und Stempel-)freiheit erstreckt sich allgemein nur auf die Staatsgebühren (und den staatlichen Stempel), nicht auch auf andere, z. B. die Notariatsgebühren.

2. In erster Linie bestimmt Art. 31, daß die Verhandlungen und Bescheide in Landeskulturrentensachen staatsgebührenfrei sind; die entsprechende Anwendung der Bestimmung für das Gebiet des AnsG. ergibt, daß auch die Verhandlungen und Bescheide in Ansiedlungsdarlehenssachen nach dem AnsG. staatsgebührenfrei sind.

Der Ausdruck „Verhandlungen und Bescheide" umfaßt die ganze einschlägige Tätigkeit aller mit der Führung von Ansiedlungsdarlehenssachen befaßten staatlichen Behörden und Stellen. Hiebei handelt es sich in erster Linie um die Vorbereitung und Verbescheidung des Gesuches (sowohl um Gewährung eines Ansiedlungsdarlehens, als auch um Gewährung eines Zuschusses nach Art. 7 AnsG.), dann aber auch um die Auszahlung des Darlehens, die Überwachung seiner Verwendung, seine Kündigung und Heimzahlung.

Nicht unmittelbar zu den „Verhandlungen und Bescheiden" in Landeskulturrenten- und Ansiedlungsdarlehenssachen gehört die Erteilung von Grundbuch- und Katasterauszügen, die der Darlehenssucher als Belege für sein Gesuch beizubringen hat. Hier könnte eine Staatsgebührenfreiheit nur dann in Betracht kommen, wenn die LKRAnst. selbst oder sonstwie die Staatskasse die Gebühr zu tragen hätte (Art. 3 Ziff. 2 des bayerischen Kostengesetzes und Art. 3 Ziff. 2 des Stempelgesetzes) oder wenn z. B. der Katasterauszug von Amts wegen zu erteilen wäre (Art. 171 Abs. 1

Kostengesetz). Beides dürfte indes nicht zutreffen. Beantragt der Gesuchsteller selbst die Erteilung, so ergibt sich die Nichtanwendbarkeit der beiden letztgenannten Vorschriften von selbst. Beantragt aber eine der mit Ansiedlungsdarlehenssachen befaßten staatlichen Stellen die Erteilung, so besorgt sie — stillschweigend oder ausdrücklich — nur der Einfachheit und Schnelligkeit halber die Geschäfte des Darlehenssuchers; dadurch wird aber für die Erteilung des Auszuges keine Gebührenfreiheit begründet. Die Landeskulturrenten- und Ansiedlungsdarlehenssachen sind reine Parteisachen; wenn auch staatliche Behörden und Stellen bei der Vorbereitung der Gesuche in weitgehendem Maße mitzuhelfen haben, so bleibt doch grundsätzlich die Beschaffung der erforderlichen Belege Aufgabe des Darlehenssuchers. Die Kosten für Grundbuch- und Katasterauszüge werden deshalb zu den nach Abs. 2 vom Darlehenssucher zu tragenden „Kosten für sonstige zur Vorbereitung der Bescheide dienende Geschäfte" zu zählen sein.

3. Eine Portofreiheit für Landeskulturrenten- und Ansiedlungsdarlehenssachen ist nicht bestimmt. Die frühere Portobefreiung der Behörden im Ablösungswege ist durch die Ministerial-Bekanntmachung vom 15. Juli 1916 $\frac{\text{Nr. } 23/1424}{\text{P IV } 1\alpha}$ (GVBl. S. 109) mit Wirkung ab 1. August 1916 aufgehoben worden. Art. 173 und Art. 3 Ziff. 3 des Bay. Kostengesetzes vom 21. August 1914 bestimmen nun, daß in den kraft gesetzlicher Bestimmung staatsgebührenfreien Sachen Auslagen der Behörden für Postgebühren von den Parteien nicht erhoben werden dürfen. Es haben also in Landeskulturrenten- und Ansiedlungsdarlehenssachen, soweit die Staatsgebührenfreiheit reicht, die Behörden ihre Portoauslagen selbst zu tragen.

Ebenso haben die Behörden in diesen Sachen selbst zu tragen ihre Auslagen für Telegraphen- und Fernsprechgebühren, Insertionskosten, die an Zeugen und Sachverständige zu zahlenden Gebühren, die bei Geschäften außerhalb der Amtsstelle den Beamten und

Bediensteten zustehenden Tagegelder und Reisekosten, die Vorlade- und Zustellgebühren (Art. 173 Abs. 1 Kostengesetz).

4. In zweiter Linie nennt Art. 31 folgende einzelnen staatsgebührenfreien Akte, die nur mittelbar mit den Landeskulturrentensachen zusammenhängen:

a) Schuldbekenntnisse und Bestellungen von Hypotheken und Reallasten. Diese Bestimmung bezieht sich im LKRAG. nur auf die für das Kulturrenten-Darlehen und die Kulturrente gemäß Art. 7 und 8 zu bestellenden Sicherungen und betrifft unmittelbar die nach § 873 BGB. hiezu primär erforderliche „Einigung des Berechtigten und des anderen Teiles über den Eintritt der Rechtsänderung", die besteht einerseits aus dem obligatorischen Grundgeschäft (Schuldbekenntnis), andererseits aus dem eigentlichen Leistungsgeschäft (Bestellung der Hypothek oder Reallast) vgl. Staudinger Bem. B I 1 zu § 873 BGB.

Die entsprechende Anwendung ergibt für das Gebiet des AnsG., daß die Gebührenfreiheit selbstverständlich auch hier nur bezüglich der für das Ansiedlungsdarlehen zu bestellenden Sicherung (hier nur Hypothek, nicht auch Reallast, vgl. Art. 4 AnsG.) besteht; auch hier sind also Grund- und Leistungsgeschäft hiezu gebühren- bzw. stempelfrei (vgl. Art. 4 Ziff. 2 des Bay. Stempelgesetzes vom 21. August 1914 und Tarifstelle 35 und 24).

b) Rangänderungen zugunsten der zu bestellenden Hypotheken oder Reallasten mit Einschluß der Berichtigung der Hypotheken-, Grundschuld- und Rentenschuldbriefe. Diese Bestimmung hat Sinn und Bedeutung nur im Gebiete des LKRAG., wo nach Art. 7 und 8 die bestehenden Belastungen vor der Hypothek oder Reallast der LKR.-Anst. grundsätzlich im Range auszuweichen haben. Dagegen kommt bei der Hypothek für das Ansiedlungsdarlehen, die grundsätzlich als Nachhypothek gedacht ist, ein Ausweichen bestehender Belastungen nicht in Betracht (vgl. auch Bem. 2 zu Art. 4 S. 65 f.).

c) Eintragung und Löschung der Hypotheken und Reallasten. Auch hier handelt es sich (vgl. oben a) nur um die Sicherung für Kulturrentendarlehen und Kulturrente, im Gebiet des AnsG. also nur um die Hypothek für das Ansiedlungsdarlehen. War unter a die nach § 873 BGB. primär erforderliche „Einigung" genannt, so folgt hier der für die Entstehung der Belastung weiter erforderliche Akt der „Eintragung der Rechtsänderung in das Grundbuch". (An sich zuständig wäre für Eintragung wie Löschung die Gebühr des Art. 116 des Kostengesetzes v. 21. August 1914.)

Bei Aufhebung der Belastung scheint nur der zweite Akt der Eintragung (die Löschung) gebührenfrei zu sein, während der nach § 875 BGB. primär erforderliche Akt der „Erklärung des Berechtigten, daß er das Recht aufgebe" hier nicht genannt ist. Die Unterlassung der Nennung der Löschungsbewilligung hat aber nur darin ihren Grund, daß diese Bewilligung nach Art. 27 Abs. 1 LKRAG. von der Anstaltsverwaltung selbst durch schriftliche Erklärung erteilt wird (vgl. Bem. 1 hiezu S. 96). Die Gebührenfreiheit dieser Erklärung folgt aber schon aus Satz 1 des Art. 31 (vgl. oben Bem. 2). Staatsgebührenfrei ist also nicht nur die ganze Entstehung der Hypothek für das Ansiedlungsdarlehen, sondern auch ihre ganze Aufhebung.

Nicht gebührenfrei ist selbstverständlich die Aufhebung von anderen Hypotheken, die nur mittels des Ansiedlungsdarlehens heimbezahlt werden.

d) Umschreibung der Hypotheken auf den Eigentümer des belasteten Grundstücks. Auch hier handelt es sich — im Gebiete des LKRAG. wie des AnsG. — nur um die für das Darlehen der LKRAnst. bestellte Hypothek. Nachdem und insoweit das Darlehen der LKRAnst. getilgt ist, kann die Hypothek nicht nur gelöscht (vgl. auch Bem. 6 zu Art. 4 AnsG.), sondern auch, da ja die Hypothek mit der Tilgung der Forderung ohne weiteres auf den Eigentümer übergegangen ist (Staudinger Bem. II 3 zu § 1163 BGB.), im Wege der Grundbuchberichtigung auf den Eigentümer — als Grundschuld — umgeschrieben werden. Die hiezu erforderliche Eintragungsbewilligung der LKRAnst. (§ 19 GBO.) wird nach Art. 27 Abs. 1 LKRAG. von der Anstaltsverwaltung durch schriftliche Erklärung erteilt (vgl. Bem. 1 zu Art. 27 LKRAG. S. 96). Die Gebührenfreiheit dieser Bewilligung folgt aus Art. 31 Abs. 1 Satz 1 LKRAG. (vgl. oben Bem. 2), jene der Umschreibung (Grundbuchberichtigung) spricht Satz 2 aus. (An sich zuständig wäre die Gebühr des Art. 116 des Kostengesetzes vom 21. August 1914.)

e) Erklärungen, welche die Aufhebung einer Hypothek, Grundschuld oder Rentenschuld zugunsten der zu bestellenden Hypothek oder Reallast betreffen. Die Begründung zum Entwurf des Bay. AG. BGB. sagt diesbezüglich (vgl. Haag S. 111):

„. . . war zu berücksichtigen, daß zuweilen Hypothekengläubiger zugunsten der für die Landeskulturrente zu bestellenden Hypothek oder Reallast auf ihre Hypothek ganz verzichten. Unter der Herrschaft des BGB. wird in solchen Fällen an Stelle des Verzichtes, der nicht das Erlöschen der Hypothek, sondern den Übergang auf den Eigentümer zur Folge hat (§ 1168), die Aufhebung der Hypothek durch den Gläubiger mit Zustimmung des Eigentümers (§ 1183) treten."

Diese Bestimmung kommt sonach für die Verhältnisse des AnsG. praktisch wohl überhaupt nicht in Betracht.

5. Andere als die in Abs. 1 Satz 2 und 3 aufgeführten Akte, die mit der Darlehensgewährung nur mittelbar zusammenhängen (z. B. die Umschreibung des Anwesens auf den anzusiedelnden Kriegsbeschädigten oder die Eintragung bzw. Löschung oder Berichtigung des Betrages der Verschuldungsgrenze) sind mangels einer entsprechenden gesetzlichen Bestimmung nicht gebührenfrei. Soweit indes die LKRAnst. als Antragstellerin Gebührenschuldnerin wäre, folgt auch hier die Gebührenfreiheit aus Art. 3 Ziff. 2 des Kostengesetzes.

6. Besondere Kosten für Sachverständigenbeiziehung usw., die der Antragsteller zu tragen hätte, werden bei Anträgen auf Gewährung eines Ansiedlungsdarlehens im Hinblick auf die Tätigkeit der amtlichen Kriegsbeschädigtenfürsorge, insbesondere der Landessiedlungsstelle (vgl. Ziff. 9—11 der AB I, s. Anhang und Einleitung S. 23) im allgemeinen wohl vermeidbar sein (vgl. auch oben Bem. 2 und 3 und Haag S. 112 oben). Zu den jedoch unter allen Umständen vom Kriegsbeschädigten zu tragenden Kosten zählen die Notariatsgebühren, ferner die Kosten der Grundbuch- und Katasterauszüge (vgl. Bem. 2 oben).

Art. 32 LKRAG.

Insoweit die von den Schuldnern zu entrichtenden Kulturrenten und Rückzahlungen, dann der Reservefonds (Art. 28) zur Verzinsung und Tilgung der ausgegebenen Rentenscheine nicht ausreichen, sowie für die Kosten der Verwaltung der Anstalt sind die erforderlichen Zuschüsse aus der Staatskasse zu leisten.

Dieser Artikel hat im Bereiche des LKRAG. deshalb erhebliche finanzielle Bedeutung, weil dort in gewissen Fällen die Darlehen von den Darlehensnehmern nur zu einem um 1/4% geringeren Zinsfuß verzinst werden müssen, als derjenige der ausgegebenen Rentenscheine beträgt, so daß der LKRAnst. ein beträchtliches Defizit verbliebe. Da bei den Ansiedlungsdarlehen der Darlehenszinsfuß nie unter dem der ausgegebenen Rentenscheine bleibt (Art. 3 AnsG.), kommt hier ein solches vom Staat zu ersetzendes Defizit nicht in Betracht. Und nachdem im Art. 13 AnsG. die restlose Ersatzpflicht der Staatskasse für Ausfälle der LKRAnst. an Kapital und Zinsen bei den nach Maßgabe des AnsG. gewährten Darlehen besonders festgelegt ist, beschränkt sich die Bedeutung der entsprechenden Anwendbarkeit des Art. 32 LKRAG. für das Gebiet des AnsG. auf die Pflicht der Staatskasse zur Tragung der Anstaltsverwaltungskosten (vgl. Haag S. 112), insoweit diese beim Vollzuge des AnsG. entstehen.

Art. 6.

Die Landeskulturrentenanstalt ist außer den Fällen des Art. 5 des Gesetzes über die Landeskulturrentenanstalt berechtigt, die gewährten Darlehen unter Einhaltung einer Kündigungsfrist von 6 Monaten zu kündigen:

1. wenn das mit dem Darlehen erstellte Anwesen seiner Zweckbestimmung entzogen wird oder entzogen zu werden droht, insbesondere wenn
   a) unterlassen wird, das Anwesen ständig in ordnungsmäßiger Weise zu bewirtschaften und den hiezu erforderlichen Viehstand zu halten,
   b) wenn das Anwesen ohne Genehmigung der Landeskulturrentenkommission aufgeteilt, zusammengelegt, verkauft oder vertauscht wird,
2. wenn der Darlehensnehmer unterläßt, die öffentlichen Gefälle und die Zinsen für die vorhergehenden Hypotheken rechtzeitig zu entrichten,
3. wenn der Darlehensnehmer unterläßt, die Gebäude in der staatlichen Brandversicherung in dem höchstzulässigen Umfange versichert zu halten.

1. Während der Darlehensnehmer das Darlehen jederzeit ganz oder teilweise kündigen und unter Einhaltung einer 3monatigen Kündigungsfrist zurückzahlen kann (Art. 24 LKRAG.), sind die Darlehen für die LKRAnst. grundsätzlich unkündbar.

Nur für gewisse Fälle eines pflichtwidrigen Verhaltens des Darlehensnehmers gibt das Gesetz der LKRKomm. das Recht, das Darlehen unter Einhaltung einer sechsmonatigen Kündigungsfrist zurückzufordern.

Die nach dem LKRAG. und dem AnsG. zu beobachtenden Pflichten übernimmt der Darlehensnehmer stillschweigend mit der Beantragung und Annahme eines Darlehens nach dem AnsG. Zweckmäßig werden die Pflichten aber der Klarheit halber noch ausdrücklich zum Vertragsinhalt gemacht, also im Vertrag aufgezählt werden. Natürlich können vertraglich auch noch andere als die im folgenden aufgezählten Pflichten auferlegt und Bedingungen gesetzt werden (vgl. Bem. 2 und 3 zu Art. 11 LKRAG. S. 83 f.). Aber die Verletzung dieser weiteren Vertragspflichten (so die Pflicht zur rechtzeitigen Entrichtung der Kulturrente, vgl. Bem. 2 zu Art. 3 S. 62) kann der LKRAnst. ein Kündigungsrecht nur geben, wenn sie zugleich einen der gesetzlich vorgesehenen Kündigungsgründe bildet. Der gesetzliche Grundsatz der Unkündbarkeit des Darlehens (Art. 5 Abs. 1 LKRAG.) kann nur in den vom Gesetz zugelassenen Ausnahmefällen durchbrochen werden (vgl. auch Bem. 6 a. E. zu Art. 4 AnsG. S. 73).

2. Die gesetzlichen Pflichten des Darlehensnehmers sind, aus der Negative des Gesetzes ins Positive übertragen, folgende (hiebei ist der Inhalt des Art. 5 LKRAG., der nach Art. 5 AnsG. hier entsprechend gilt, gleich mitverarbeitet):

Der Darlehensnehmer muß:

a) das Darlehen — und zwar innerhalb der etwa hiefür bestimmten Frist — dem bestimmten Zweck entsprechend verwenden (Art. 5 Ziff. 1 und Art. 13 Abs. 1 LKRAG.)

b) das mit dem Darlehen erstellte Anwesen seiner Zweckbestimmung erhalten, insbesondere ständig in gutem Zustand erhalten, in ordnungsgemäßer Weise bewirtschaften und den dazu erforderlichen Viehstand halten (Art. 6 Ziff. 1a AnsG., Art. 5 Ziff. 4 und Art. 13 Abs. 2 LKRAG.).

c) zu einer beabsichtigten Aufteilung, Zusammenlegung, einem Verkaufen oder Vertauschen des Anwesens die Genehmigung der LKRKomm. einholen (Art. 6 Ziff. 1b

AnsG.). Ob er die vorherige (§ 183 BGB.) oder nachträgliche (§ 184 BGB.) Zustimmung der LKRAnst. einholt, wird im Ergebnis gleichgültig sein, wenn er sie nur überhaupt erhält. Bekommt er aber nicht *mindestens* die nachträgliche Zustimmung (= Genehmigung) der LKRAnst., so kann diese kündigen. Empfehlenswert wird deshalb unter *allen* Umständen die Einholung der *vorherigen* Zustimmung sein. Die *Rechtsgültigkeit der Veräußerung* wird aber an sich durch das Fehlen der Genehmigung der LKRKomm. natürlich nicht berührt.

Die Beibringung eines *Unschädlichkeitszeugnisses* (nach dem bayerischen Ges. vom 15. Juni 1898, das Unschädlichkeitszeugnis betreffend) bei kleinen, unwesentlichen Teilwegveräußerungen dürfte die Einholung der Genehmigung der LKRAnst. entbehrlich machen und damit auch ein Kündigungsrecht der LKRAnst. nicht zur Entstehung kommen lassen.

d) *die öffentlichen Gefälle und die Zinsen für die vorhergehenden Hypotheken rechtzeitig entrichten* (Art. 6 Ziff. 2 AnsG.). Als öffentliche Gefälle sind hier, wie aus einer Bemerkung eines Regierungsvertreters bei der Gesetzesberatung im Finanzausschuß der AbgKammer (XXXVI. Landtags-Vers. K. d. Abg. StenB. Bd. XIV S. 552) zu entnehmen ist, nicht alle vom Anwesenseigentümer geschuldeten öffentlichen Abgaben, sondern nur die *öffentlichen Lasten des Grundstücks* im Sinne von § 10 Ziff. 3 ZVG. zu verstehen. Eine Aufzählung würde hier zu weit führen; Näheres bei *Steiner* Bem. 3 zu § 10 ZVG.

e) *die Gebäude in der staatlichen Brandversicherung in dem höchstzulässigen Umfange versichern* (Art. 6 Ziff. 3 AnsG.). Die Wahl der Höhe der Versicherungssumme steht dem Eintretenden nach Art. 13 des BrandversG. vom 3. April 1875 an sich frei. Den zulässigen Höchstbetrag bildet für die Versicherungssumme der nach Art. 16 ff. BrandversG. ermittelte Schätzungswert. Erhöht sich der Schätzungswert später, so ist die Beantragung einer

Erhöhung der Versicherungssumme nach Art. 15 BrandversG. jederzeit zulässig, mit Rücksicht auf Art. 6 Ziff. 2 AnsG. aber hier auch Pflicht des Darlehensnehmers.

3. Außerdem gibt der Art. 5 LKRAG. in Ziff. 2 und 3 der Anstalt noch das Kündigungsrecht, wenn

a) die Rechtsgültigkeit oder der Rang der bestellten Hypothek bestritten wird. Daß das Bestreiten durch den Darlehensnehmer erfolgt, ist nicht vorausgesetzt.

b) ein Besitznachfolger die persönliche Verbindlichkeit des Darlehensnehmers nicht übernimmt. Diese Bestimmung ist für den Bereich des AnsG. ohne Bedeutung mit Rücksicht auf das in Art. 6 Ziff. 1b AnsG. (oben Anm. 2c) der LKRAnst. gegebene Kündigungsrecht.

4. Weitere Möglichkeiten einer befristeten oder fristlosen Kündigung bestehen nicht (vgl. auch Bem. 1 a. E.). Insbesondere bildet keinen Kündigungsgrund ein späterer Wegfall der Versorgungsgebührnisse des Kriegsbeschädigten (bei Minderung der Erwerbsbeschränktheit unter 10%), oder der Tod des Kriegsbeschädigten nach Auszahlung des Darlehens. (Wegen der Wirkungen des vor Auszahlung des Darlehens erfolgenden Todes des Kriegsbeschädigten vgl. Bem. 4 zu Art. 13 LKRAG. a. E. S. 88).

5. Zu den der LKRAnst. durch das AnsG. und das LKRAG. gebotenen Kündigungsmöglichkeiten tritt als weitere Möglichkeit einer vorzeitigen Lösung der Beziehungen zwischen Darlehensgeber und -nehmer das jedem Hypothekgläubiger und so auch der LKRAnst. durch § 1133 BGB. gegebene Recht. § 1133 Satz 1 und 2 BGB. lautet:

> „Ist infolge einer Verschlechterung des Grundstücks die Sicherheit der Hypothek gefährdet, so kann der Gläubiger dem Eigentümer eine angemessene Frist zur Beseitigung der Gefährdung bestimmen. Nach dem Ablaufe der Frist ist der Gläubiger berechtigt, sofort Befriedigung aus dem Grundstücke zu suchen, wenn nicht die Gefährdung durch Verbesserung des Grundstücks oder durch anderweitige Hypothekenbestellung beseitigt worden ist."

Und nach § 1135 BGB. steht es einer Verschlechterung des Grundstücks im Sinne des § 1133 gleich, wenn Zubehörstücke, auf die sich die Hypothek erstreckt (also nach § 1120 BGB. solche, die im Eigentum des Grundeigentümers stehen) verschlechtert oder den Regeln einer ordnungsmäßigen Wirtschaft zuwider von dem Grundstück entfernt werden.

Der § 1133 BGB. ist neben den Kündigungsmöglichkeiten für die LKRAnst. deshalb von Wichtigkeit, weil er im Notfall die sechsmonatige Kündigungsfrist beseitigt.

6. Zu erwähnen ist in diesem Zusammenhang auch § 1134 BGB., der im Falle der die Sicherheit der Hypothek gefährdenden Verschlechterung des Grundstücks der LKRAnst. als Hypothekgläubigerin weitere Befugnisse einräumt. § 1134 BGB. lautet:

> „Wirkt der Eigentümer oder ein Dritter auf das Grundstück in solcher Weise ein, daß eine die Sicherheit der Hypothek gefährdende Verschlechterung des Grundstücks zu besorgen ist, so kann der Gläubiger auf Unterlassung klagen. Geht die Einwirkung von dem Eigentümer aus, so hat das Gericht auf Antrag des Gläubigers die zur Abwendung der Gefährdung erforderlichen Maßregeln anzuordnen. Das Gleiche gilt, wenn die Verschlechterung deshalb zu besorgen ist, weil der Eigentümer die erforderlichen Vorkehrungen gegen Einwirkungen Dritter oder gegen andere Beschädigungen unterläßt."

§ 1135 BGB. (s. oben Bem. 5) gilt auch hier.

7. Bestimmte Kündigungstermine (etwa wie nach § 565 BGB. nur für den Schluß eines Kalendervierteljahrs) bestehen hier nicht.

8. Das Kündigungsrecht der LKRAnst. wird ausgeübt durch die Landeskultur-Rentenkommission (Art. 5 Abs. 2 LKRAG.). — [Bei der Ausübung der aus §§ 1133 bis 1135 BGB. entspringenden Rechte dagegen wird die Anstalt wohl von den Regierungsfinanzkammern vertreten, weil insoweit ihre rechtliche Vertretung nicht ausdrücklich der LKRKomm. übertragen ist (vgl. § 6 der K. Verordnung vom 8. Februar 1911, S. 153); das Vorgehen nach §§ 1133 bis 1135 BGB. kann nicht mit in den Begriff der „Kündigung" nach Art. 5 LKRAG. einbezogen werden, wie es Haag S. 60 zu tun scheint.]

9. Die Kündigung ist eine einseitige empfangsbedürftige Willenserklärung, die mangels anderweiter Vereinbarung bestimmter Form nicht bedarf. Unter Anwesenden ausgesprochen wird sie im Moment der Erklärung wirksam. Wird sie unter Abwesenden (also z. B. brieflich) erklärt, so wird sie nach § 130 BGB. wirksam in dem Zeitpunkt, in welchem sie dem Gegner zugeht.

Für die Berechnung der sechsmonatigen Kündigungsfrist wird nach § 187 BGB. der Tag, in dessen Lauf das Wirksamwerden der Kündigungserklärung fällt, nicht mitgerechnet. Nach § 188 Abs. 2 BGB. endigt die Frist mit dem Ablauf desjenigen Tages des letzten (6.) Monats, der durch seine Zahl dem Tag entspricht, in dessen Lauf das Wirksamwerden der Kündigungserklärung gefallen ist. Wird also z. B. das Darlehen mit Schreiben vom 4. Februar gekündigt und das Schreiben geht dem Darlehensnehmer am 6. Februar zu, so beginnt die sechsmonatige Frist mit dem Beginn des 7. Februar und endigt mit Ablauf des 6. August. — Fehlt bei einer nach Monaten bestimmten Frist im letzten Monat der Frist der für ihren Ablauf maßgebende Tag, so endigt die Frist mit dem Ablauf des letzten Tages dieses Monats (§ 188 Abs. 3 BGB.). Geht also z. B. die Kündigung dem Darlehensnehmer am 31. August zu, so beginnt die Frist mit dem Beginn des 1. September, kann aber, da es einen 31. Februar nicht gibt, nicht mit Ablauf des 31. Februar endigen, sondern endigt schon mit Ablauf des 28. (in einem Schaltjahr des 29.) Februar. — Fällt der so ermittelte Schlußtag der Frist auf einen Sonntag oder einen am Leistungsort staatlich anerkannten allgemeinen Feiertag, so endigt die Frist erst mit Ablauf des nächstfolgenden Werktags (§ 193 BGB.).

10. Wichtig für die Kündigung im Falle der ohne Genehmigung der LKRAnst. erfolgten gänzlichen oder teilweisen Veräußerung des Anwesens ist § 1141 BGB., dessen Abs. 1 lautet:

„Hängt die Fälligkeit der Forderung von einer Kündigung ab, so ist die Kündigung für die Hypothek nur wirksam, wenn sie von dem Gläubiger dem Eigentümer oder von dem Eigentümer dem Gläubiger erklärt wird. Zugunsten des Gläubigers gilt derjenige, welcher im Grundbuch als Eigentümer eingetragen ist, als Eigentümer."

Soll sonach die Darlehenskündigung auch für die Hypothek auf dem wegveräußerten Anwesen oder Anwesensteil wirksam sein, also eine Befriedigung aus dem Grundstück ermöglichen, so muß sie von der LKR.-Komm. neben dem Darlehensnehmer auch dem nunmehrigen Eigentümer des Anwesens oder wegveräußerten Anwesensteiles erklärt werden.

11. Bei der an sich der LKRKomm. obliegenden (Art. 3 LKRAG. in Verbindung mit Art. 5 AnsG.) Überwachung der angemessenen Verwendung des Darlehens (und wohl auch bei der Überwachung der Einhaltung der übrigen Verpflichtungen) wirken die Landessiedlungsstelle und die örtlich für das Anwesen zuständigen Kreisstellen für Kriegsbeschädigtenfürsorge mit. [War mit der Vorbereitung des Darlehensgesuches eine Kreisstelle betraut, in deren Bezirk das Anwesen nicht liegt, so wird wohl — ähnlich wie im § 11 der Bay. AAnw. vom 6. Dezember 1916 zum KAG., Koppmann S. 188 — bei der Überwachung der Darlehensverwendung usw. nunmehr jene Kreisstelle tätig werden, in deren Bezirk das Anwesen liegt, es wird also mit der Bewilligung ein Wechsel der zuständigen Kreisstelle eintreten.] Die Landessiedlungsstelle verständigt die LKRKomm., falls ihr Wahrnehmungen bekannt werden, die zu einem Vorgehen nach Art. 6 AnsG. Anlaß geben könnten (Ziff. 5 der AB. I, S. 184). Die bayerische AAnw. zum KAG. sagt in Ziff. 11 Abs. 2: „Die Überwachungsstelle hat geeignete Vorkehrungen zu treffen, um sich von einer etwaigen Gefährdung oder Vereitelung des Verwendungszwecks rechtzeitig Kenntnis zu verschaffen. Dabei werden die Distriktsverwaltungsbehörden heranzuziehen sein, die ihrerseits, namentlich in ländlichen Verhältnissen, sich durch die Bürgermeister oder andere geeignete Vertrauensmänner von wichtigen Veränderungen, auffälligen Vorkommnissen und dergl. unterrichten lassen. Auch können die Orts- und Bezirksstellen der Kriegsinvaliden- oder Kriegerhinterbliebenen-Fürsorge um ihre Mitwirkung angegangen werden." Entsprechendes wird auch für das Gebiet des AnsG. zu gelten haben.

12. Daß die LKRKomm. mit der Kündigung nicht rigoros vorgehen wird, ist in Anbetracht der Natur des Gesetzes als eines Wohlfahrtsgesetzes selbstverständlich. Bei den Beratungen im Finanzausschuß der Abgeordnetenkammer wurde von der Staatsregierung auch ausdrücklich eine Zusicherung in diesem Sinne abgegeben (XXXVI. LandtagsVers. K. d. Abg. StenB. Bd. XIV S. 552).

Art. 7.

I Der Staat kann zur Ergänzung des bei der Aufnahme eines Landeskulturrentendarlehens erzielten Barbetrags auf den Nennbetrag des Darlehens entsprechenden Zuschüsse gewähren.

II In diesem Falle ist die Rückzahlung des Darlehens in Landeskulturrentenscheinen ausgeschlossen.

1. Nach § 4 der Instr. I (S. 168) werden die Darlehen in bar nur dann ausbezahlt, wenn die Rentenscheine über pari stehen und durch den Kursgewinn, welcher bei der Veräußerung der Rentenscheine erzielt wird, mindestens die Ausgaben für Provision und Reichsstempelabgabe gedeckt werden können. Eine bare Auszahlung der Ansiedlungsdarlehen wird deshalb, solange keine höheren als 4%igen Rentenscheine ausgegeben werden, primär kaum praktisch in Betracht kommen. (Über die Kursentwicklung der Rentenscheine in den letzten 20 Jahren vgl. die Tabelle auf S. 78)

Durch Auszahlung des Darlehens in unter pari stehenden Rentenscheinen erleidet der Darlehensnehmer bei ihrer Veräußerung aber einen beträchtlichen Kursverlust. Bei den sonstigen Darlehen nach dem LKRAG. hat der Darlehensnehmer diesen ganzen Verlust selbst zu tragen. Benötigt er eine bestimmte Summe, so muß er ein entsprechend höheres Darlehen aufnehmen. Wenn also z. B. der Kursstand der Rentenscheine mit 90% angenommen werden soll und die benötigte Summe 10000 Mk. beträgt, würde er mit einem Darlehen im Nennbetrage von 10000 Mk. nur 9000 Mk. beschaffen. Er muß also ein Darlehen von 11112 Mk. aufnehmen, um die benötigten 10000 Mk. ganz zu erhalten, und dafür bei einem Zinsfuß von 4% jährlich 444,48 Mk. Zinsen bezahlen, anstatt nur 400 Mk., die er für ein Darlehen im Nennbetrag von 10000 Mk. zu bezahlen hätte.

Bei den Darlehen nach dem AnsG. erschien es mit Rücksicht auf den tiefen Kursstand der Rentenscheine nicht tunlich, die anzusiedelnden Kriegsbeschädigten mit der Tragung des erheblichen Kursverlustes zu belasten, wollte man mit dem Zweck des Gesetzes, die Ansiedlung der Kriegsbeschädigten möglichst zu fördern, in Einklang bleiben. Deshalb bestimmt Art. 7, daß der Staat zur Ergänzung des bei der Aufnahme eines Ansiedlungsdarlehens erzielten Barbetrages auf den Nennwert entsprechende — und zwar unverzinsliche — Zuschüsse gewähren kann. Benötigt also der Anzusiedelnde von der LKRAnst. 10000 Mk. und sind die übrigen Voraussetzungen alle erfüllt, so braucht er nur ein Darlehen im Nennbetrage von 10000 Mk. aufzunehmen, durch das er bei einem angenommenen Kursstand der Rentenscheine von 90% bar nur 9000 Mk. erhält. Die Differenz von 1000 Mk. kann er auf Antrag vom Staat als unverzinslichen Zuschuß erhalten.

2. Während im allgemeinen dem Darlehensnehmer die Wahl des Darlehenszinsfußes und damit des Typs der auszugebenden Rentenscheine freisteht, bestimmt die Ziff. 6 der AB. I (S. 184) für alle Darlehen, zu denen ein Staatszuschuß gewährt werden soll, den Zinsfuß des Darlehens (und damit der auszugebenden Rentenscheine) einheitlich dahin, daß er sich nach dem höchsten Zinssatze der jeweils herausgegebenen Rentenscheine zu bemessen habe. M. a. W.: wenn — wie z. B. — ein 3½%iger und ein 4%iger Typ von Rentenscheinen besteht, dann werden Darlehen, zu denen ein Staatszuschuß gewährt werden soll, nur in 4%igen Rentenscheinen gegeben, sind also zufolge Art. 3 AnsG. auch mit 4% zu verzinsen. Wäre diese Regelung nicht getroffen worden, so würde natürlich jeder Darlehensnehmer den bequemeren 3½%igen Darlehenszinsfuß wählen, da nicht er, sondern der Staat den großen Kursverlust von z. B. 25% zu tragen hätte (vgl. auch Bem. 4 a. E. zu Art. 3 S. 62 f.).

3. Auf die Gewährung des Staatszuschusses besteht zunächst so wenig ein klagbarer Rechtsanspruch, wie auf die Gewährung des Darlehens selbst („kann gewähren"). Es gilt hier entsprechend das in Bem. 14 zu Art. 1 AnsG. (S. 49) Gesagte. (Ob allerdings mit der Bewilligung auch ein (klagbarer) Rechtsanspruch auf den bewilligten Staatszuschuß geschaffen wird, hängt von dem Inhalt der Bewilligung ab.)

Besondere Bedingungen für eine Bewilligung des Zuschusses stellt das Gesetz nicht auf. Die Bewilligung des Staatszuschusses wird im allgemeinen auf gestellten Antrag wohl stets erfolgen, wenn ein Ansiedlungsdarlehen bewilligt wurde. Die Höhe des Staatszuschusses bemißt sich nach dem Nennbetrage des Darlehens und dem Kursstand der Rentenscheine im Zeitpunkte der Hingabe, kann also im voraus (z. B. in dem Bewilligungsbescheid) nicht zahlenmäßig festgelegt werden.

4. Die Gesuche um Gewährung des Staatszuschusses werden nicht wie die Darlehensgesuche von der LKR.-Komm., sondern gemäß Ziff. 4 der AB. I (S. 184) nach Begutachtung durch die LKRKomm. vom Staatsministerium des Innern verbeschieden. Da der Zuschuß nur denkbar ist, wenn das Darlehen selbst vorher bewilligt wurde, ist im Falle der Ablehnung des Darlehensgesuches durch die LKRKomm. eine Entscheidung des Staatsministeriums des Innern über das Zuschußgesuch nicht mehr erforderlich.

5. Die Auszahlung des Zuschusses dürfte in bar durch die Rentämter gleichzeitig mit der Hingabe der Darlehensvaluta erfolgen (vgl. Bem. 5 zu Art. 11 LKRAG. S. 85 f. und Bem. 3 zu Art. 4 LKRAG. S. 79).

6. Wäre die Bestimmung des Abs. 2 nicht getroffen worden, so würde der Staatszuschuß dem Darlehensnehmer im Falle einer vorzeitigen Darlehensrückzahlung (vgl. Art. 24, 25 LKRAG.) zum Teil als Geschenk verbleiben, was über den Zweck des Gesetzes hinausginge und zu Spekulationsmanövern führen könnte. Denn wenn ein Darlehensnehmer bei einem Kursstande der Rentenscheine von 90% auf sein Darlehen zu nominal 10000 Mk. einen Staatszuschuß von 1000 Mk. erhalten hat und er hat im Wege der regulären Tilgung z. B. 2500 Mk. abbezahlt, so würde er, wäre ihm die vorzeitige Rückzahlung in Rentenscheinen gestattet, den Darlehensrest von 7500 Mk. auf einmal durch Aufwand von (bei gleichgebliebenem Kurswert der Rentenscheine) $\frac{90}{100} \cdot 7500 = 6750$ Mk. tilgen können. Der Gewinn von 750 Mk. könnte ihn verleiten, zum Zwecke der vorzeitigen Rückzahlung des Ansiedlungsdarlehens von anderer Seite Geld aufzunehmen. Zur Sicherung der Staatskasse vor solch spekulativem Mißbrauche dieser Wohlfahrtseinrichtung war deshalb hier das Verbot der Rückzahlung des Darlehens in Rentenscheinen erforderlich.

Art. 8.

Ein Grundstück, auf dem eine Hypothek für ein Darlehen der in Art. 1 bezeichneten Art eingetragen ist, kann nicht über die in Art. 2 bezeichnete Grenze hinaus mit Hypotheken, Grundschulden und Rentenschulden oder mit beständigen oder für eine bestimmte Zeit zu entrichtenden festen Geldrenten belastet werden, wenn diese Beschränkung (Verschuldungsgrenze) im Grundbuch eingetragen ist.

1. Nach Art. 117 Abs. 1 EG.BGB. bleiben unberührt „die landesgesetzlichen Vorschriften, welche die Belastung eines Grundstückes über eine bestimmte Wertgrenze hinaus untersagen". Da nach Art. 3 EG. BGB. der Ausdruck „unberührt bleiben" nicht nur die Aufrechterhaltung bestehender, sondern auch die Zulässigkeit der Schaffung neuer landesgesetzlicher Regelung bedeutet, konnte hier Bayern erstmals eine Verschuldungsgrenze einführen, wie Preußen es bereits mit dem Gesetz vom 20. August 1906 „über die Zulassung einer Verschuldungsgrenze für land- und forstwirtschaftlich genutzte Grundstücke" getan hatte. Über das Verhältnis der beiden Gesetze zu einander im einzelnen vgl. Einleitung S. 13 ff.

Die Unterwerfung eines Grundstückes unter die VGr. bedeutet ihrem Wesen nach einen dinglich wirksamen Verzicht des Eigentümers auf freiwillige Belastung des Anwesens mit den besonders genannten Belastungsarten über die in Art. 2 bezeichnete Grenze hinaus; dieser Verzicht ist zugleich vom Gesetz mit einem — in gewisser Hinsicht (Art. 10 Abs. 2) durchbrochenen — Schutz gegen unfreiwillige Belastungen gleicher Art über die gleiche Grenze hinaus ausgestattet. Zu den „unfreiwilligen" Belastungen zählen notwendig hier nicht nur die Zwangs- und Arresthypotheken (vgl. Bem. 1 zu Art. 10), sondern auch jene Sicherungshypotheken, deren Einräumung der Gläubiger auf Grund Gesetzes (z. B. § 648 BGB.) vom Eigentümer verlangen kann (vgl. Staudinger Bem. II 2 a zu § 1113 BGB.), wie auch die nach § 1287 BGB., § 848 Abs. 2 ZPO. kraft Gesetzes entstehenden Sicherungshypotheken (vgl. auch Bem. 6 unten S. 122). Keine Ausnahmestellung endlich nehmen auch die nach Art. 89 123, 128 Abs. 2 AG.BGB. und Art. 46 BrandversicherungsG. auf Ersuchen einer Behörde einzutragenden Sicherungshypotheken ein.

2. „Die in Art. 2 bezeichnete Grenze" wird dargestellt entweder von 3/4 des Grundstückswertes (= Beleihungswertes, vgl. Bem. 2 zu Art. 2) oder bei Neuansiedlungen, wenn der Betrag der Kosten des Grunderwerbes und der Bauausführung geringer als der Grundstückswert ist, von 3/4 dieses geringeren Gesamtkostenbetrages. Ob allerdings auf Grund des Art. 117 Abs. 1 EG. BGB. gültig auch ein Bruchteil des Gesamtkostenbetrages als maßgebender VGrBetrag bestimmt werden durfte, kann zweifelhaft erscheinen, weil dort nur von einer „Wertgrenze" die Rede ist, also eigentlich nur der Wert des Grundstückes und nichts anderes die Grundlage für eine Festsetzung des VGrBetrages bilden soll. (So auch das preußische Gesetz.) Die hier angedeutete Frage wird, da dem Grundbuchamte ein Recht zur Nachprüfung des ihm von der LKRKomm. mitgeteilten VGrBetrages (vgl. Bem. 4 zu Art. 9) nicht zusteht, im Prozeßwege auszutragen sein, wenn z. B. ein Gläubiger durch die infolge Zugrundelegung des Gesamtkostenbetrages niedriger bemessene VGr. seine Rechte beeinträchtigt glaubt.

3. Der Bestand der VGr. ist in seiner Dauer aufs engste verknüpft mit jenem der Hypothek der LKR.-Anst. für ihr Darlehen nach dem AnsG.; nur wenn eine solche Hypothek im Grundbuch eingetragen ist oder gleichzeitig eingetragen wird, kann der VGr. überhaupt eingetragen werden (§ 1 der AB. II S. 188); und sie muß von Amts wegen gelöscht werden, wenn die Hypothek der LKRAnst. nicht zur Entstehung gelangt oder erlischt (§ 14 Abs. 1 Buchstabe a der AB. II S. 192). Vgl. hiezu auch Bem. 1 zu Art. 12 S. 144 f.

4. Die VGr. kann — ebenso wie die Hypothek der LKRAnst. — nicht nur auf einem Grundstück (hier eng im Sinne von § 3 GBO. auszulegen, anders Bem. 3 zu Art. 4), sondern auch auf einem ideellen Grundstücksbruchteil (vgl. DAnw. §§ 433, 222) eingetragen werden, wenn das Grundstück im Miteigentum mehrerer nach Bruchteilen (§§ 1008 ff. BGB.) steht und von der LKRAnst. nur der dem Kriegsbeschädigten gehörige Grundstücksbruchteil beliehen wurde bzw. werden soll (vgl. Bem. 8 zu Art. 1 S. 43 f. und Bem. 4 zu Art. 4 S. 69 f.). Vgl. auch Bem. 8 zu Art. 9. Gleiches wird für die grundstücksgleichen Rechte zu gelten haben, vgl. Bem. 7 und 8 zu Art. 1 S. 42 und 43 und Bem. 3 zu Art. 4 S. 66 f.

5. Die VGr. hindert über die eingetragene Grenze hinaus nur die Eintragung von Hypotheken, Grundschulden, Rentenschulden und beständigen oder für bestimmte Zeit zu entrichtenden festen Geldrenten (d. s. Reallasten, die im Gegensatz zu den vorgenannten 3 Belastungsarten nicht in Abt. III, sondern in Abt. II des Grundbuches eingetragen werden; vgl. Bem. 6 zu Art. 11). Die Eintragung anderer Belastungen, so z. B. eines Austrages (dinglich gesichert teils durch beschränkte persönliche Dienstbarkeit, §§ 1090 ff. BGB., teils durch Reallast, §§ 1105 ff. BGB., vgl. Art. 41 AG. BGB.) wird durch die VGr. keinesfalls gehindert, und zwar auch dann nicht, wenn der Austrag ganz oder zum Teil in der Bezahlung einer Geldrente besteht, oder wenn an Stelle der Naturalreichnisse fakultativ eine Geldrente treten kann; denn hier handelt es sich um Geldrenten von unbestimmter Dauer (Lebenszeit des Berechtigten), während Art. 8 nur die beständigen oder auf bestimmte Zeit zu entrichtenden festen Geldrenten nennt. Vgl. auch § 8 Abs. 3 der AV. II S. 190 f.

Die Eintragung eines Nießbrauchs (§§ 1030 ff. BGB.) am Anwesen oder an Anwesensteilen wird von der VGr. gleichfalls nicht gehindert, kann aber wohl der LKRAnst. Grund zur Darlehenskündigung geben (Art. 6 Ziff. 1 AnsG.).

Werden derartige Rechte (wie Austrag, Nießbrauch usw.), für deren Eintragung die VGr. nach dem Gesetz niemals ein Hindernis bildet, bei bestehender VGr. eingetragen, so ist bei ihnen kein Vermerk, daß die VGr. für sie nicht gelte, in den Grundbucheintrag aufzunehmen [anders nach § 11 Abs. 1 AV. II (S. 191) bei den privilegierten Zwangs- und Arresthypotheken (Bem. 3 zu Art. 10 S. 134 ff.)].

6. Die formelle Wirkung der VGr. äußert sich darin, daß die unzulässigen Belastungen nicht etwa vorbehaltlich späteren Wirksamwerdens bzw. Einrückens in die VGr. eingetragen werden, sondern ihre Eintragung unzulässig ist. Wenn die einzutragende Belastung also mit ihrem vollen Betrag die VGr. überschreiten würde (Näheres in Bem. 1 zu Art. 11), so wird der Antrag auf Eintragung vom Grundbuchrichter ohne weiteres zurückgewiesen. (Rechtsmittel: einfache Beschwerde nach §§ 71 ff. GBO.) Würde die beantragte Belastung dagegen die VGr. nur teilweise überschreiten, so bestimmt das Grundbuchamt dem Antragsteller nach § 18 GBO. eine Frist zur entsprechenden Beschränkung des Antrages (§ 9 der AV. II S. 191). Diese Zwischenverfügung wird den Betrag des innerhalb der VGr. noch offenen Raumes ziffernmäßig genau anzugeben haben, damit nicht durch allenfallsige falsche Berechnungen des Antragstellers vermeidbare Weiterungen entstehen.

Die materielle Wirkung der VGr. besteht darin, daß auch eine unter Verletzung ihrer Grenze eingetragene unzulässige Belastung materiell nicht wirksam und vom öffentlichen Glauben des Grundbuchs nicht gedeckt wird („kann nicht ... belastet werden"); die kraft Gesetzes entstehende Sicherungshypothek (vgl. oben Bem. 1 a. E. S. 119) kommt darnach über die VGr. hinaus überhaupt nicht zur Entstehung.

Hat das Grundbuchamt unrichtigerweise eine ganz oder teilweise unzulässige Belastung doch eingetragen, so hat es unter Verletzung gesetzlicher Vorschriften (d. i. Art. 8 AnsG.) eine Eintragung vorgenommen, durch die das Grundbuch unrichtig geworden ist (es täuscht eine materiell nicht wirksam gewordene Belastung vor), und es hat deshalb von Amts wegen einen Widerspruch einzutragen (§ 54 Abs. 1 GBO.).

7. Wird gleichzeitig mit der Beantragung der Eintragung der VGr. die Eintragung von über das Maß der VGr. hinausgehenden Hypotheken, Grundschulden usw. beantragt, so sind sämtliche Eintragungen, falls keine sonstigen Hindernisse bestehen, zu vollziehen, weil die VGr. ihre belastungshindernde Wirkung erst ausüben kann, wenn sie eingetragen ist, also nur gegenüber Belastungen, die zeitlich nach ihrer Beantragung beantragt werden (vgl. auch Bem. 4 zu Art. 9). Bezüglich des Zeitpunktes der Eintragung der VGr. siehe im übrigen Bem. 2 zu Art. 9 S. 126 f. und Bem. 5 c zu Art. 10 S. 137.

8. Über den Unterschied zwischen Verschuldungsgrenze und Beleihungsgrenze vgl. Bem. 5 zu Art. 4 S. 70 f.

9. Gerät der Anwesensbesitzer in Konkurs, so ist das auf das Bestehen der VGr. ohne Einfluß. Der Konkursvermerk wird ins Grundbuch eingetragen und dieses dadurch (nach der herrschenden, vom Reichsgericht und von Jaeger geteilten Ansicht, vgl. Jaeger Bem. 7 zu § 113 KO.) für weitere Belastungen gesperrt. Es können nunmehr also auch solche Belastungen nicht mehr eingetragen werden, die nach den Bestimmungen über die VGr. noch zulässig wären. (Ausgenommen ist nur der Fall, daß bereits eine bindende Eintragungsbewilligung und der Eintragungsantrag vor Eröffnung des Konkurses beim Grundbuchamt eingegangen waren und ein sonstiges Eintragungshindernis nicht besteht, vgl. Jaeger Bem. 7 zu § 113 und Bem. 37 zu § 15 KO.) — Ist der Konkursvermerk noch nicht im Grundbuch eingetragen, der Konkurs aber schon eröffnet, so kommt es zunächst darauf an, ob der Grundbuchrichter Kenntnis von der Konkurseröffnung hat oder nicht. Ersterenfalls hat er Anträge auf Eintragung von Belastungen (mit der oben angeführten Ausnahme) zurückzuweisen; letzterenfalls trägt er sie, falls sonst keine Hindernisse (z. B. Verschuldungsgrenze!) bestehen, ein, wodurch aber eine spätere Anfechtung natürlich nicht ausgeschlossen wird. Hat der Grundbuchrichter einen Antrag auf Eintragung einer Belastung mit einer Zwischenverfügung nach § 18 Abs. 1 GBO. zurückgegeben (vgl. oben Bem. 6, Bem. 1 zu Art. 11 und

Bem. 3 zu Art. 10), so hat er, wenn vor ihrer Erledigung das Ersuchen um Eintragung des Konkursvermerks einläuft, den letzteren einzutragen, ohne daß vorher eine Schutzeintragung nach § 18 Abs. 2 GBO. vorzunehmen wäre. Die Zwischenverfügung ist dann aufzuheben und der Eintragungsantrag zurückzuweisen (Jaeger Bem. 9 zu § 113 KO.).

Wird das Anwesen im Verlauf des Konkurses vom Konkursverwalter freihändig verkauft, so unterliegen die wegen des Darlehens der LKRAnst. und der VGr. zu treffenden Abmachungen der freien Vereinbarung der Beteiligten (vgl. auch unten Bem. 10). Die LKRAnst. wird im allgemeinen trachten, ihr Geld ehestens zurückzuerhalten, um es wieder seinem bestimmungsgemäßen Zweck zuzuführen. Handhabe hiezu bietet ihr das Kündigungsrecht nach Art. 6 Ziff. 1 AnsG.

Wird das Anwesen im Laufe des Konkursverfahrens zwangsversteigert, so gilt das zu Art. 12 Ziff. 1 Gesagte (vgl. Bem. 2 zu Art. 12 S. 145).

10. Wird das mit der VGr. versehene Grundstück veräußert, was dem Eigentümer ja — vorbehaltlich des Kündigungsrechtes der LKRAnst. nach Art. 6 Ziff. 1 lit. b bei nicht erholter Genehmigung — stets freisteht, so hat dies auf das Bestehen und die Wirksamkeit der VGr. keinen Einfluß. Das gleiche gilt im Falle der Vererbung (§ 13 Abs. 1 AV. II S. 192). Solange das Ansiedlungsdarlehen nicht völlig getilgt ist, kann der Eigentümer, und zwar gleichviel, ob der Kriegsbeschädigte oder ein Rechtsnachfolger, die VGr. nur mit Zustimmung der LKRKomm. löschen lassen (vgl. Bem. 3 zu Art. 12 S. 145 f.).

Wegen des Falles, daß nur ein Teil des der VGr. unterworfenen Anwesens veräußert wird, vgl. Bem. 8 zu Art. 9 S. 132 f.

11. Gerät das Grundstück in Zwangsverwaltung, so berührt das den Bestand der VGr. nicht.

12. Über die Folgen einer Zwangsversteigerung des Grundstücks vgl. Bem. 2 zu Art. 12 S. 145.

Art. 9.

I Die Eintragung der Verschuldungsgrenze erfolgt auf den Antrag des Eigentümers. Der Antrag bedarf der im § 29 Satz 2 GBO. bestimmten Form.

II In der Eintragung ist der Betrag, bis zu welchem die Belastung zulässig ist, anzugeben. Die Landeskulturrentenkommission hat dem Grundbuchamt auf dessen Ersuchen diesen Betrag mitzuteilen.

III Beantragt der Eigentümer die Eintragung einer gemeinsamen Verschuldungsgrenze für mehrere Grundstücke, so gilt dies zugleich als Antrag auf Vereinigung dieser Grundstücke i. S. des § 890 Abs. 1 BGB.

1. Die Eintragung der VGr. auf einem Grundstück hat zur Voraussetzung:

a) daß auf dem Grundstück eine Hypothek für ein Darlehen der im Art. 1 bezeichneten Art eingetragen ist oder gleichzeitig eingetragen wird (§ 1 der AV. II, S. 188). Das Grundbuchamt prüft, ob die Voraussetzung für die Eintragung der VGr. gegeben ist (§ 2 Abs. 1 AV. II).

b) einen Eintragungsantrag des Eigentümers des Grundstücks. [Wenn die Eintragung der VGr. also auch nur auf den einseitigen Antrag des Eigentümers erfolgt, somit grundsätzlich fakultativ ist, so wird sie deshalb doch wohl praktisch nicht stets vollkommen in das freie Belieben des Eigentümers gestellt, sondern von der LKRKomm. nach ihrem pflichtgemäßen Ermessen jeweils als Bedingung für eine Darlehensgewährung gefordert werden. Unter Umständen wird auch das Kriegsministerium die Gewährung einer Abfindungssumme nach dem KAG. bei gleichzeitiger Inanspruchnahme der LKRAnst. von der Eintragung der VGr. abhängig machen können (vgl. Bem. 7 zu Art. 2 S. 60 f.).]

Der Antrag bedarf der Form des § 29 Satz 2 GBO. § 29 GBO. lautet:

„Eine Eintragung soll nur erfolgen, wenn die Eintragungsbewilligung oder die sonstigen zu der Eintragung erforderlichen Erklärungen vor dem Grundbuchamte zu Protokoll gegeben oder durch öffentliche oder öffentlich beglaubigte Urkunden nachgewiesen werden. Andere Voraussetzungen der Eintragung bedürfen, soweit sie nicht bei dem Grundbuchamte offenkundig sind, des Nachweises durch öffentliche Urkunden."

Der Antrag darf also weder in öffentlich beglaubigter Urkunde vorgelegt, noch zu Protokoll des Grundbuchamts erklärt, sondern muß stets in öffentlicher Urkunde eingereicht werden. (Öffentliche Urkunden sind solche, die von einer öffentlichen Behörde innerhalb der Grenzen ihrer Amtsbefugnisse oder von einer mit öffentlichem Glauben versehenen Person innerhalb des ihr zugewiesenen Geschäftskreises in der vorgeschriebenen Form aufgenommen werden [§ 415 ZPO.]. Öffentlich beglaubigte Urkunden dagegen sind solche, in denen nur die Echtheit der Unterschrift durch eine hiefür zuständige Behörde oder Amtsperson amtlich bestätigt wird.)

2. Ein Zeitpunkt für die Antragstellung ist nicht vorgeschrieben. Der Antrag kann also auch erhebliche Zeit nach Erwerb des Anwesens und Eintragung der Hypothek der LKRAnst. gestellt werden, wenn nur diese Hypothek noch — ganz oder teilweise — eingetragen ist. Die Eintragung der VGr. berührt dann natürlich die in diesem Zeitpunkte bestehende Verschuldung des Grundstückes nicht. (Den gleichen Grundsatz enthält auch § 7 Abs. 4 der AV. II S. 190.) Geht also die derzeit bestehende Belastung über den VGr.-Betrag hinaus, so macht das einerseits die Eintragung der VGr. nicht unzulässig, anderseits wird dadurch aber auch der Bestand der den VGr.-Betrag übersteigenden Belastungen nicht berührt. Diese Hypotheken usw. können auch insoweit weiter veräußert, verpfändet und belastet werden. Nur wenn sie einmal gelöscht sind, können neue Belastungen der im Art. 8 genannten Art über die VGr. hinaus an ihrer Stelle nicht mehr neu eingetragen werden.

Ist im Zeitpunkte der Eintragung der VGr. eine über die VGr. hinausreichende Hypothek zwar schon eingetragen, aber noch nicht valutiert, so hindert selbstverständlich bei späterer Valutierung die inzwischen eingetragene VGr. den Erwerb der Hypothek durch den Gläubiger nicht. Denn bis zur Valutierung stand ja die Hypothek als Grundschuld dem Eigentümer zu. Und da Eigentümergrundschulden hier gleich den anderen Grundschulden werten (Bem. 4 zu Art. 11), so handelt es sich hier nur um die zulässige Übertragung einer schon vor Eintragung der VGr. bestehenden Belastung. — Gleiches gilt bei der vor Eintragung der VGr. eingetragenen, für laufenden Kredit oder eine bloß mögliche künftige Forderung bestellten, die VGr. ganz oder teilweise überschreitenden Höchstbetragshypothek (§ 1190 BGB.), mag man nun der herrschenden Ansicht, daß die Hypothek vor endgültiger Feststellung der Endforderung im ganzen Umfange dem Gläubiger zusteht, oder der Gegenmeinung, daß der nichtvalutierte Teil jeweils vorläufig dem Eigentümer als Grundschuld zusteht, folgen (vgl. Staudinger, Bem. 5a zu § 1190 S. 957).

3. Die VGr. wird in der zweiten Abteilung des Grundbuchblatts mit den Worten:

„Verschuldungsgrenze nach dem Gesetze vom 15. Juli 1916 .... (Betrag in Worten und Ziffern) ... Mark" nach Maßgabe der Vorschriften in §§ 234 ff., 366, 367 der Dienstanweisung für die Grundbuchämter eingetragen. In der für die Anmerkungen bestimmten dritten Spalte wird der Vermerk „Verschuldungsgrenze!" eingetragen (§ 3 der AV. II S. 188).

Das Stichwort „Verschuldungsgrenze" wird in den Grundbüchern der Pfalz auch in der 1. Abteilung des Grundbuchblatts in der Spalte für Anmerkungen mit roter Tinte bei dem Grundstücke angebracht, für welches die VGr. gilt. Bei dem Stichwort wird auf die entsprechende Eintragung in der 2. Abteilung verwiesen („Verschuldungsgrenze s. Abt. 2 Nr. .....") (§ 15 Abs. 2 der AV. II S. 192).

4. Der im Grundbucheintrag anzugebende Betrag (= Verschuldungsgrenzbetrag) ist nach Art. 8 identisch mit dem durch Art. 2 festgelegten Betrag der (theoretischen) höchsten Darlehenshöhe (= 75 % des Beleihungswertes oder — bei Neuansiedlungen — des geringeren Gesamtkostenbetrages, vgl. Bem. 2 zu Art. 2 S. 52 ff. und Bem. 2 zu Art. 8 S. 120).

Umfaßt der gesamte Ansiedlungsgrundbesitz nur ein grundbuchmäßig selbständiges Grundstück oder werden die mehreren Grundstücke nach § 890 Abs. 1 oder 2 BGB. vereinigt (vgl. unten Bem. 7), so kommt auch nur ein einheitlicher VGr.-Betrag in Betracht. Besteht der Ansiedlungsgrundbesitz aber aus mehreren grundbuchmäßig selbständigen Grundstücken und werden diese nicht zu einem Grundstück vereinigt, so ist der VGr.-Betrag für jedes Einzelgrundstück gesondert festzustellen und die VGr. mit diesem Betrag auf jedem Einzelgrundstück einzutragen, und zwar gleichviel, ob für das Ansiedlungsdarlehen eine Gesamthypothek auf sämtlichen Grundstücken oder selbständige Teildarlehenshypotheken auf den einzelnen Grundstücken eingetragen sind oder werden (§ 4 Abs. 1 AB. II S. 189 und Bem. 3 zu Art. 4 S. 66 ff.). Sind ausnahmsweise die mehreren selbständigen Grundstücke auf einem gemeinschaftlichen Grundbuchblatt vorgetragen (§ 4 GBO. und § 219 Abs. 2 DAnw.), so wird die Eintragung, da es sich ja auch hier (trotz des einen Blattes) doch um mehrere selbständige Grundstücke handelt, mit den Worten zusammengefaßt:

„Verschuldungsgrenze nach dem Gesetze vom 15. Juli 1916 und zwar
für Pl.-Nr. .... Mark
für Pl.-Nr. .... Mark.“

(§ 4 Abs. 2 der AB. II S. 189).

Die LKRKomm. hat dem Grundbuchamte auf dessen Ersuchen den VGr.-Betrag mitzuteilen; die schriftliche Mitteilung hat den Charakter einer öffentlichen Urkunde (vgl. Bem. 1 zu Art. 27 LKRAG. S. 96 und Güthe Bem. 36 zu § 29 GBO. und Henle-Schmitt Bem. 5 zu § 29 GBO.

Ein Recht oder Mittel zur Nachprüfung des von der LKRKomm. mitgeteilten VGr.-Betrages hat das Grundbuchamt nicht. Die Mitteilung ist also, wenn sie nicht erkennbar auf einem Versehen beruht, für das Grundbuchamt bindend (vgl. auch Bem. 2 zu Art. 8 S. 120).

Zur Vereinfachung und Beschleunigung des Verfahrens kann diese Mitteilung der LKRKomm. nicht nur erst auf Ersuchen des Grundbuchamtes erfolgen, sondern von der LKRKomm. auch schon früher ausgestellt und vom Eigentümer mit dem Antrag zugleich dem Grundbuchamt vorgelegt werden (vgl. § 2 der AV. II, S. 188). Ist ein Notar mit der Beurkundung des Antrags betraut, so legt dieser die Mitteilung dem Grundbuchamte vor (§ 2 Abs. 2 AV. II). Wird der Antrag ohne diese Mitteilung vorgelegt, an welchen Fall der Art. 9 Abs. 2 Satz 2 allein denkt, so handelt es sich bei dem damit stillschweigend oder ausdrücklich an das Grundbuchamt gerichteten Ersuchen, durch Anfrage bei der LKR.-Komm. den VGr.-Betrag festzustellen, nicht um einen nach § 16 Abs. 1 GBO. unzulässigen Vorbehalt, es liegt auch kein Fall des § 18 GBO. vor, sondern der Antrag ist bewußt und zulässigerweise unvollständig und soll, wie im Gesetz selbst vorgesehen, erst durch Erholung der Mitteilung der LKR.-Komm. zu einem vollziehbaren Antrag ergänzt werden. Für die Reihenfolge unter mehreren konkurrierenden Eintragungsanträgen (§ 17 GBO.) wird deshalb nicht der Zeitpunkt des Einganges des unvollständigen Antrages, sondern nur der Zeitpunkt des Einganges der den Antrag vervollständigenden Mitteilung der LKRKomm. nach § 13 Abs. 2 GBO. maßgebend sein können, weil erst von diesem Zeitpunkte an dem Grundbuchamt ein vollziehbarer Eintragungsantrag zum Zwecke der alsbaldigen Eintragung vorliegt.

5. Der einmal ins Grundbuch eingetragene VGr.-Betrag ist, solange er im Grundbuch steht, für die Wirkung der VGr. maßgebend, auch wenn sich der Wert des Grundstückes inzwischen verändert hat (vgl. auch Bem. 2 zu Art. 8 S. 120). Damit ist aber nicht gesagt, daß der eingetragene Betrag unabänderlich wäre. (Bei der VGr. nach dem preußischen Gesetz wechselt der — ins Grundbuch nicht eingetragene — VGr.-Betrag automatisch mit jeder abweichenden Neutaxierung.) In Bayern erfolgt nach § 7 der AV. II (s. S. 190) die Abänderung des VGr.-Betrages im Wege der Berichtigung auf Grund einer (schriftlichen) Bestätigung der LKRKomm. über den nunmehr zulässigen Betrag. Hiezu bedarf es eines Antrages, den sowohl der Grundstückseigentümer (in Analogie zu Art. 9 Abs. 1 Satz 2 wohl in der Form des § 29 Satz 2 GBO., vgl. oben Bem. 1 b S. 125 f.), als auch die LKR.-Komm. (eigene schriftliche Erklärung genügt, weil öffentliche Urkunde!) stellen kann. In letzterem Falle bedarf es einer vorgängigen Anhörung des Eigentümers nicht (§ 7 Abs. 2 Satz 2 der AV. II).

Die Berichtigung geschieht nach Maßgabe der Vorschrift in § 289 DAnw. mit den Worten:

„Verschuldungsgrenze nunmehr . . . . . . Mk.“

In der dritten Spalte wird bei der bisherigen Eintragung auf die Berichtigung verwiesen, z. B.

„Neue Verschuldungsgrenze s. . . . . .“

Die Berichtigung kann nicht nur in einer Erhöhung, sondern auch einer Herabsetzung des VGr.-Betrages bestehen. Die Rechtswirksamkeit der schon eingetragenen Belastungen wird dadurch nicht berührt (vgl. hiezu auch oben Bem. 2 S. 126 f.).

Ein Bedürfnis zur Änderung des VGr.-Betrages — unter Umständen auch ohne inzwischen eingetretene Änderung des Grundstückswertes! — wird sich besonders auch in jenen Fällen von Neuansiedlungen ergeben können, wo für die Festsetzung des Betrages der Beleihungs- und Verschuldungsgrenze nicht der Beleihungswert des Grundbesitzes, sondern der geringere Gesamtkostenbetrag maßgebend war (Bem. 2e zu Art. 2 S. 56 und Bem. 2 zu Art. 8 S. 120), weil diese Maßregel die Verschuldbarkeit solcher Anwesen unter Umständen beträchtlich unter die im übrigen geltende Grenze herabschraubt. (Man denke nur an den naheliegenden Fall, daß der Grund und Boden zu solchen Ansiedlungen umsonst oder außergewöhnlich billig zur Verfügung gestellt wird. Dann kann der Gesamtkostenbetrag leicht nur die Hälfte des Anwesenswertes ausmachen, so daß die VGr. nur $\frac{3}{4} \times \frac{1}{2} = \frac{3}{8}$ des Anwesenswertes beträgt! Wenn auch der momentane Geldbedarf in solchen Fällen gleichfalls nur außergewöhnlich gering ist, so würde doch eine dauernde Verschuldbarkeit zu nur $\frac{3}{8}$ des Anwesenswertes eine übermäßige Einengung des Eigentümers bedeuten.)

6. Nach § 6 der AV. II (s. S. 189 f.) benachrichtigt das Grundbuchamt nicht nur die in § 55 GBO. genannten Beteiligten, sondern auch die LKKomm. von der Eintragung der VGr. Nach § 7 Abs. 5 der AV. II erfolgt diese Benachrichtigung auch im Falle einer Berichtigung der VGr.

7. Die Eintragung einer gemeinsamen VGr. für mehrere Grundstücke (vgl. auch Bem. 4 oben S. 127 f. und Bem. 4 zu Art 8 S. 120 f.) ist nur durchführbar wenn die Grundstücke eine rechtliche Einheit bilden, d. h. wenn entweder die mehreren Grundstücke im Sinne des § 890 Abs. 1 BGB. zu einem Grundstücke vereinigt oder einem Hauptgrundstücke die übrigen Grundstücke im Sinne des § 890 Abs. 2 BGB. als Bestandteil zugeschrieben werden. Für die Vereinigung oder die Zuschreibung sind die Vorschriften der §§ 314 ff., 333 ff. DAnw. maßgebend. (§ 5 Abs. 1 AB. II S. 189).

[§ 314 Abs. 3 DAnw. bestimmt, daß die Vereinigung von Grundstücken in das Grundbuch nur eingetragen werden soll, wenn die Grundstücke nicht verschieden mit Hypotheken, Grund- oder Rentenschulden belastet sind. Sind sie verschieden mit Erbbaurechten, Vorkaufsrechten, Reallasten oder Dienstbarkeiten belastet, so ist von Fall zu Fall zu prüfen, ob nicht von der Vereinigung Verwirrung zu besorgen und deshalb die Eintragung der Vereinigung abzulehnen ist.

§ 333 Abs. 3 DAnw. bestimmt das gleiche für die Zuschreibung eines Grundstückes als Bestandteil zu einem Hauptgrundstück. Hier gilt jedoch die Besonderheit, daß die Zuschreibung nicht ausgeschlossen ist, wenn die Ungleichheit der Belastung darin besteht, daß das als Bestandteil zuzuschreibende Grundstück mit Pfandrechten überhaupt nicht belastet ist, während auf dem Hauptgrundstück Hypotheken, Grund- oder Rentenschulden eingetragen sind, weil diese sich mit der Zuschreibung dann ohne weiteres auch auf das zugeschriebene Grundstück erstrecken.]

Wenn der Eigentümer nicht ausdrücklich die Zuschreibung im Sinne des § 890 Abs. 2 BGB. beantragt, gilt der Antrag auf Eintragung einer gemeinsamen BGr. zugleich als Antrag auf Vereinigung der Grundstücke (§ 5 Abs. 2 AB. II S. 189).

Ist sonach wegen ungleicher Belastung der Grundstücke eine Vereinigung oder Zuschreibung nicht möglich oder will der Eigentümer aus irgend welchen Gründen keine Vereinigung oder Zuschreibung vornehmen lassen, so kann nur gesondert auf jedem der Grundstücke eine eigene BGr. eingetragen werden. Hiewegen vgl. oben Bem. 4 S. 127 f. und Bem. 3 zu Art. 4 S. 66 ff.

Mehrere auf einem Grundbuchblatte zusammen vorgetragene Grundstücke werden als rechtliche Einheit auch dann angesehen, wenn sie als Gutskomplex unter der Herrschaft des bayerischen Hypothekengesetzes zum Zwecke der einheitlichen Belastung mit einer Hypothek auf einem Blatte vereinigt wurden (§ 5 Abs 3 der AB. II). Vgl. hiezu Henle-Schmitt, Bem. 2a zu § 86 GBO.

8. Eine Teilung des der VGr. unterworfenen Anwesens durch Wegveräußerung eines Teiles ist nach dem AnsG. nicht ausgeschlossen. Allerdings gewährt die ohne Genehmigung der LKRKomm. vorgenommene Teilung der LKRAnst. nach Art. 6 Ziff. 1b AnsG. das Recht der Darlehenskündigung; aber die Teilung und Teilwegveräußerung besteht deshalb doch zu Recht. Ist der wegveräußerte Teil nur geringfügig, so wird entweder im Wege der Vereinbarung mit der LKRAnst. oder durch Beibringung eines Unschädlichkeitszeugnisses die Freigabe des Teilgrundstückes aus dem Pfandverbande zu erreichen sein. Diesfalls unterbleibt auch die Übertragung der insoweit gegenstandslosen VGr. auf das Blatt des wegveräußerten Teilgrundstückes (§ 468 DAnw. und § 12 AB. II S. 191 f.). In allen übrigen Fällen aber bleiben die Belastungen, soweit sie sich nicht etwa nur auf nicht mitveräußerte Grundstücksteile erstrecken, auch auf dem wegveräußerten Teilgrundstück lasten (§ 1132 Abs. 1 BGB.) und werden als Gesamthypothek usw. auf dessen neues Blatt übertragen (§ 377 DAnw.). Entsprechendes hat auch für die VGr. zu gelten. Genehmigt also die LKRKomm. nicht die Löschung der VGr. auf dem wegzuveräußernden Teile (d. h. die Abschreibung ohne VGr.), so muß die VGr. auch auf das neue Grundbuchblatt des wegveräußerten Teiles übertragen werden und kann auch dort vor völliger Tilgung der Darlehensforderung der LKRAnst. nur mit Zustimmung der LKRKomm. gelöscht werden (Art. 12 Ziff. 2). Allerdings kann sie jetzt, da es eine der Gesamthypothek entsprechende „GesamtVGr." nicht gibt (oben Bem. 7), nicht mehr als einheitliche, gemeinsame VGr. sich auf die beiden nunmehr getrennten Teile erstrecken, sondern der Eigentümer oder die LKRKomm. wird eine entsprechende Herabsetzung des VGrBetrages des Hauptgrundstückes beantragen und die LKRKomm. wird dem Grundbuchamt auch den eigenen VGrBetrag für den wegveräußerten Teil mitteilen müssen, so daß dann nach entsprechender Berichtigung bzw. Eintragung im Grundbuch für beide Teile fortab je eine besondere VGr. gilt (vgl. oben Bem. 7 S. 130 f.). Ebenso wie der Fall der Teilung des Grundstückes wird zu behandeln sein der Fall, daß das VGr. unterworfene Grundstück nachträglich in das Miteigentum mehrerer nach Bruchteilen gelangt (vgl. Bem. 4b zu Art. 4 S. 70, Staudinger Bem. I 4 zu § 1132 und Kommentar von Reichsgerichtsräten zum BGB., 2. Aufl., Bem. 1 zu § 1132).

9. Wird das ganze der VGr. unterworfene Anwesen weiterveräußert oder vererbt, so hat diese Tatsache auf den Bestand und die Wirksamkeit der VGr. keinerlei Einfluß (§ 13 AB. II S. 192). Bis zur völligen Tilgung der Darlehensforderung der LKRAnst. kann auch der Rechtsnachfolger des Kriegsbeschädigten die VGr. nur mit Zustimmung der LKRKomm. löschen lassen. (Vgl. auch Bem. 10 zu Art. 6 S. 113 f.).

10. Eine Gebührenfreiheit für die die VGr. betreffenden Eintragungen und Löschungen ist im AnsG. — im Gegensatz zum preußischen Gesetz vom 20. August 1906 — nicht bestimmt. Aus der entsprechenden Anwendbarkeit des Art. 31 LKRAG. kann eine solche Gebührenfreiheit gleichfalls nicht gefolgert werden (vgl. Bem. 5 zu Art. 31 LKRAG. S. 106).

Art. 10.

I Die Verschuldungsgrenze gilt auch für die Eintragung von Sicherungshypotheken im Wege der Zwangsvollstreckung oder der Arrestvollziehung wegen Geldforderungen.

II Ohne Rücksicht auf die Verschuldungsgrenze können jedoch solche Sicherungshypotheken eingetragen werden, wenn die Forderung schon vor der Eintragung der Verschuldungsgrenze gegen den Eigentümer, auf dessen Antrag sie erfolgt ist, bestanden hat und die Eintragung der Sicherungshypothek binnen drei Jahren nach der Eintragung der Verschuldungsgrenze oder falls die Forderung erst später fällig geworden ist, binnen drei Jahren nach dem Eintritte der Fälligkeit beantragt wird.

1. Wegen Eintragung von Sicherungshypotheken im Wege der Zwangsvollstreckung oder der Arrestvollziehung wegen Geldforderungen vgl. §§ 866 ff., 932 ZPO.

2. Der Abs. 1 spricht die eigentlich selbstverständliche Folgerung aus dem Grundsatze des Art. 8 („. . . kann nicht . . . mit Hypotheken . . . . belastet werden . .“) noch ausdrücklich aus, daß sich die belastungshindernde Wirkung der VGr. unter den 4 ausdrücklich genannten Belastungsarten nicht nur auf jene Hypotheken erstreckt, die durch rechtsgeschäftliche Vereinbarung zwischen Gläubiger und Schuldner oder auf Grund gesetzlichen Anspruchs des Gläubigers geschaffen werden oder kraft Gesetzes entstehen (vgl. Bem. 1 Abs. 2 zu Art. 8 S. 119), sondern auch auf jene Sicherungshypotheken, die im Wege der Zwangsvollstreckung oder der Arrestvollziehung wegen Geldforderungen auf das Anwesen gelegt werden sollen.

3. Im einzelnen stellt sich das Verfahren hier folgendermaßen dar:

Wird die Eintragung einer Sicherungshypothek im Wege der Zwangsvollstreckung oder der Arrestvollziehung wegen einer Geldforderung auf einem der VGr. unterworfenen Grundstück beantragt, so prüft das Grundbuchamt, ob die Eintragung nicht nach Art. 10 Abs. 2 des Gesetzes ohne Rücksicht auf die VGr. zulässig ist (§ 10 Abs. 1 der AB. II S. 191). Vgl. unten Bem. 5 S. 136 f.

Gilt darnach für die einzutragende Zwangs- oder Arresthypothek die VGr. nicht (Art. 10 Abs. 2 des Gesetzes), so wird dem Eintragungsantrag — vorbehaltlich sonstiger Hindernisse — ohne weiteres entsprochen und in der Eintragung vermerkt, daß die VGr. für diese Hypothek nicht gilt. Dies geschieht bei der Eintragung der Hypothek in der 3. Spalte mit den Worten „Ohne Rücksicht auf die Verschuldungsgrenze!“ (§ 11 Abs. 1 der AB. II S. 191).

Gilt dagegen die VGr. auch für die beantragte Zwangs- oder Arresthypothek, so prüft das Grundbuchamt nach dem Inhalte des Grundbuchs und der Grundbuchanlagen, ob die beantragte Belastung nach der in Art. 11 des Gesetzes vorgeschriebenen Berechnung (vgl. Bem. 1 zu Art. 11 S. 139 f.) die eingetragene VGr. übersteigt (§ 11

Abs. 2, §§ 8 und 9 der AB. II). Überschreitet die Hypothek mit ihrem ganzen Belastungswert die BGr., so wird der Eintragungsantrag ohne weiteres zurückgewiesen (§ 9 Abs. 1 AB. II S. 191). Wenn dagegen die einzutragende Belastung die BG. teilweise überschreitet oder wenn Zweifel darüber bestehen, so verfährt das Grundbuchamt nach § 18 GBO. (§ 9 Abs. 2 der AB. II).

In der Regel wird die durch Zwangshypothek zu sichernde Forderung aber nicht einheitlich sein, sondern sich aus mindestens einer Hauptsache- und einer oder mehreren Nebenforderungen zusammensetzen; (nur wenn die Hauptsacheforderung allein 300 Mk. übersteigt, kann überhaupt eine Vollstreckungshypothek eingetragen werden — § 866 Abs. 3 ZPO.). Stammen also die einzelnen Forderungsteile aus verschiedenen Zeitpunkten (so entsteht z. B. die Prozeßkostenforderung erst mit der gerichtlichen Festsetzung, also längst nach Entstehung der Hauptsacheforderung), so kann es vorkommen, daß z. B. die Hypothek für einen Teil der Forderung die Vorzugsstellung nach Abs. 2 genießt, die Hypothek für den Rest aber nicht. Ist solchenfalls der noch offene Raum (vgl. Bem. 1 zu Art. 11) innerhalb der BGr. ausreichend für den nicht begünstigten Teil der Forderung, so kann antragsgemäß die ganze Zwangshypothek eingetragen werden. Ist dagegen der noch freie Raum innerhalb der BGr. kleiner als der nicht begünstigte Teil der Forderung, so wird auch hier der Antrag unter Fristsetzung zur entsprechenden Beschränkung zurückzugeben sein. Eine Teilung des Antrages durch den Grundbuchrichter in dem Sinne, daß er die Hypothek für den begünstigten Teil der Forderung sofort eintragen und den Antrag im übrigen zurückweisen würde, wäre unzulässig.

4. Gehen mehrere Anträge auf Eintragung von Zwangshypotheken gleichzeitig ein, so kann, wenn die Summe ihrer Belastungswerte (Bem. 1 u. 3 zu Art. 11) den noch offenen Raum innerhalb der BGr. übersteigt, der für diese Verhältnisse nicht geschaffene § 283 DAnw. hier nicht angewendet werden. Es ist dann vielmehr zu verfahren, wie oben in Bem. 3 dargelegt. Reicht der noch offene Raum für die Summe sämtlicher nicht begünstigten Forderungsteile nicht aus, so sind sämtliche Anträge zur

entsprechenden Beschränkung nach § 18 GBO. zurückzugeben; der offene Raum ist dabei nach dem Verhältnis der Größe der nichtbegünstigten Forderungsteile unter die einzelnen Antragsteller zu verteilen.

5. Der Abs. 2 durchbricht den Schutz vor unfreiwilliger Belastung zugunsten gewisser Gläubiger, deren Forderung aus der Zeit vor der Eintragung der VGr. stammt. Derartige Zwangshypotheken können also ohne jede Rücksicht auf die VGr. eingetragen werden. Voraussetzung für diese bevorzugte Stellung ist

a) daß die zu sichernde Forderung schon vor der Eintragung der VGr. bestanden hat. Als Zeitpunkt der Eintragung der VGr. erscheint im Grundbuch nur der Tag der Eintragung (§§ 240, 242 DAnw.) Ist die Forderung also am Tag der Eintragung der VGr. entstanden, so wird der Gläubiger den ihm obliegenden Nachweis der Priorität der Entstehung der Forderung im allgemeinen kaum zu führen vermögen.

Als Zeitpunkt der Entstehung der Forderung kommt hier nicht der den Lauf der Verjährung nach § 198 BGB. eröffnende Zeitpunkt der Entstehung des Anspruchs (= der Klagbarkeit des Anspruchs) in Betracht, auch nicht der Zeitpunkt des Eintrittes der Fälligkeit, sondern der Zeitpunkt, in dem die Rechtsgrundlage der Forderung entstanden ist, also das Schuldverhältnis begründet wurde, aus dem die Forderung entstanden ist. (Vgl. im einzelnen hiezu die Literatur und Rechtsprechung zu der „vor dem 31. Juli 1914 entstandenen Geldforderung" des § 1 Abs. 3 der Bundesratsbekanntmachung vom 7. August 1914 über die gerichtliche Bewilligung von Zahlungsfristen, Wassermann-Erlanger S. 130 ff. Dort handelt es sich um ganz analoge Begriffe.)

b) daß die zu sichernde Forderung schon vor der Eintragung der VGr. gegen den Eigentümer, auf dessen Antrag sie (d. h. die Eintragung der VGr.) erfolgt ist, bestanden hat. Es genügt also für die Vorzugsstellung nicht, wenn die Forderung zwar schon vor der Eintragung der VGr. bestanden hat, aber erst nach der Eintragung der VGr. auf den Eigentümer, der die Eintragung der VGr. beantragt hat, als Schuldner übergegangen ist. — Hat ein Dritter für eine Schuld des Kriegsbeschädigten vor Eintragung der VGr. gebürgt und nach Eintragung der VGr. die Bürgschaftsschuld bezahlt, so hat er nicht etwa eine erst nach der Eintragung gegen den Anwesenseigentümer entstandene Forderung, sondern die schon vor der Eintragung gegen ihn bestehende Hauptforderung erworben (§ 774 Abs 1 Satz 1 BGB.); seine Forderung genießt also das Vorrecht des Art. 10 Abs. 2.

Veräußert der Kriegsbeschädigte sein der VGr. unterworfenes Anwesen, so kann die hier geforderte Voraussetzung (daß die Forderung schon vor der Eintragung der VGr. gegen den Eigentümer, auf dessen Antrag die VGr. eingetragen wurde, bestanden hat) nur bezüglich der Forderungen gegeben sein, die von dem schuldnerischen Kriegsbeschädigten — mittelbar oder unmittelbar — auf den derzeitigen Eigentümer als Schuldner übergegangen sind; bezüglich aller übrigen Forderungen ist der neue Eigentümer auf die Dauer des Bestandes der VGr. gegen Zwangs- oder Arresthypotheken über die VGr. hinaus schlechthin geschützt.

c) daß die Eintragung der Sicherungshypothek entweder binnen 3 Jahren nach der Eintragung der VGr. oder, falls die Forderung erst später (d. h. nach Eintragung der VGr.) fällig geworden ist, binnen 3 Jahren nach dem Eintritt der Fälligkeit beantragt wird. Maßgebender Zeitpunkt der Beantragung der Eintragung der Sicherungshypothek ist allein der im „Eingangsvermerk" festgelegte Zeitpunkt des Einganges des Eintragungsantrages beim zuständigen Grundbuchamt (vgl. § 19 Abs. 1 Satz 2 GBO. und §§ 31 ff., 54 DAnw.).

6. Für den Nachweis des Vorliegens der in Bem. 5 aufgezählten Voraussetzungen gibt § 10 Abs. 2 der AB. II, der damit den § 3 Abs. 2 Ziff. 1 Satz 2 des preußischen Gesetzes vom 20. August 1906 ziemlich wörtlich kopiert, in Ergänzung der allgemeinen Vorschrift des § 29 GBO. folgende, eigentlich in das AnsG. selbst gehörende Bestimmung:

„Für die Eintragung genügt es, wenn ihre Voraussetzungen aus dem Schuldtitel ersichtlich oder in einer öffentlichen oder öffentlich beglaubigten Urkunde von dem Eigentümer anerkannt oder ihm gegenüber durch rechtskräftigendes oder vorläufig vollstreckbares Urteil festgestellt sind."

7. Unter Art. 10, also auch das Vorrecht des Abs. 2, dürfte auch die Sicherungshypothek der Staatskasse nach Art. 123 AG. BGB. fallen. Dieser Artikel lautet:

„Die Staatskasse ist berechtigt, für ihre Ansprüche wegen fälliger öffentlicher Abgaben und Kosten eines Verfahrens die Eintragung einer Sicherungshypothek an den Grundstücken des Schuldners zu verlangen. Die Eintragung der Sicherungshypothek an mehreren Grundstücken darf nur soweit verlangt werden, daß der Wert der Grundstücke den zweifachen Betrag des zu sichernden Anspruchs erreicht; der Wert wird unter Abzug der Belastungen berechnet, welche der Sicherungshypothek im Range vorgehen.

Die Eintragung der Sicherungshypothek erfolgt auf das Ersuchen der Behörde, welcher die Beitreibung der Leistung obliegt."

Hier handelt es sich auch um nichts anderes als um die Eintragung einer Sicherungshypothek im Wege der Zwangsvollstreckung wegen einer Geldforderung, wenn auch besonderer Art.

Art. 11.

I Bei der Feststellung der Zulässigkeit der Belastung kommt eine Hypothek mit dem Kapital- oder Höchstbetrag, eine Grundschuld mit dem Kapitalbetrag, eine Rentenschuld mit dem Betrag der Ablösungssumme, eine Geldrente mit dem 25 fachen Jahresbetrag und, wenn der Gesamtbetrag der Rentenleistungen geringer ist, mit diesem Betrage zur Anrechnung.

II Bedingte Rechte sind wie unbedingte, Widersprüche oder Vormerkungen sind wie die durch sie zu sichernden Rechte zu behandeln.

III Ein Recht, mit dem noch ein anderes Grundstück belastet ist oder belastet werden soll, ist zu seinem vollen Betrag anzurechnen.

IV Vorgehende Rechte anderer als der im Abs. 1 bezeichneten Art bleiben außer Betracht.

1. Die Feststellung der Zulässigkeit der beantragten Eintragung einer Belastung ist Aufgabe des Grundbuchrichters. Wird nach der Eintragung der VGr. [so § 8 der AV. II; richtiger wäre „nach Eingang des Antrages auf Eintragung der VGr.", weil sich das folgende natürlich auch auf Eintragungsanträge bezieht, die zwar vor Eintragung der VGr., jedoch nach Eingang des Antrages auf Eintragung der VGr. (vgl. hiezu Bem. 4 a. E. zu Art. 9 S. 129) beim Grundbuchamt eingehen] die Eintragung einer Hypothek, Grundschuld oder Rentenschuld oder einer beständigen oder für eine bestimmte Zeit zu entrichtenden, dem Betrage nach bestimmten (festen) Geldrente beantragt, so prüft das Grundbuchamt nach dem Inhalte des Grundbuchs und der Grundbuchanlagen, ob die beantragte Belastung nach der in Art. 11 des Gesetzes vorgeschriebenen Berechnung die eingetragene VGr. übersteigt (§ 8 Abs. 1 der AV. II S. 190). Gehört also die zur Eintragung beantragte Belastung nicht zu den in Art. 8 genannten 4 Arten (Bem. 5 zu Art. 8 S. 121), so bildet die VGr. niemals ein Hindernis für ihre Eintragung. Gehört sie zu den nach Art. 10 Abs. 2 in ihrem ganzen Umfange privilegierten Zwangshypotheken, so erfolgt ihre Eintragung gleichfalls ohne Rücksicht auf die VGr. (Bem. 5 zu Art. 10 S. 136 f.). — In allen übrigen Fällen aber werden zunächst die schon bestehenden Belastungen (unten Bem. 2) nach ihrem Belastungswerte (unten Bem. 3—9) festgestellt. (Befinden sich unter den schon bestehenden Belastungen auch Zwangs- oder Arresthypotheken, die nach Art. 10 Abs. 2 bevorrechtigt wären oder waren, so werden sie nicht anders, als jede andere Hypothek behandelt.) Die Belastungswerte der sämtlichen schon bestehenden Belastungen werden dann addiert, und die so erhaltene Summe wird mit dem im Grundbuch vorgetragenen Verschuldungsgrenzbetrag verglichen. (Ob die neu beantragte Belastung Rang nach den schon bestehenden Belastungen oder vor ihnen oder vor einzelnen von ihnen erhalten soll, ist gleichgültig! Es dürfen also nicht etwa nur die im Range der neu beantragten Belastung vorgehenden Belastungen, sondern es müssen alle ihrer Art nach in Betracht kommenden Belastungen mit ihrem Belastungswerte festgestellt werden. Ein gegenteiliges Verfahren würde die Wirkung der VGr. aufheben.) Ist die Summe dieser Belastungswerte größer als der Verschuldungsgrenzbetrag (Bem. 4 zu Art. 9 S. 127) oder ebensogroß wie dieser, so kann die neue Belastung nicht mehr eingetragen werden. Der Antrag ist also, da das seiner Vollziehung entgegenstehende Hindernis nicht zu beheben ist, vom Grundbuchrichter unter Angabe der Gründe ohne weiteres zurückzuweisen (§ 18 Abs. 1 GBO. erster Fall; § 9 Abs. 1 der AV. II S. 191). — Ist dagegen die Summe der Belastungswerte kleiner als der Verschuldungsgrenzbetrag, ist also noch offener Raum innerhalb der VGr. vorhanden, so ist der Belastungswert der neu beantragten Belastung nach den gleichen Grundsätzen wie bei den schon bestehenden Belastungen festzustellen (unten Bem. 3—9). Ist dieser Belastungswert kleiner oder ebensogroß wie der noch offene Raum, so bildet die VGr. kein Hindernis für die Eintragung. Ist dagegen der Belastungswert der neu beantragten Belastung größer als der innerhalb der VGr. noch offene Raum, so steht der Vollziehung des Antrages ein Hindernis entgegen. Und da es gleichgültig ist, ob das entgegenstehende Hindernis den ganzen Antrag oder nur einen Teil des Antrages betrifft (Güthe Bem. 6 zu § 18 S. 336), so ist der Antrag gemäß § 18 Abs. 1 GBO. durch Zwischenverfügung zur entsprechenden Beschränkung nach Maßgabe des noch innerhalb der VGr. zur Verfügung stehenden offenen Raumes an den Antragsteller unter Fristsetzung hinauszugeben (§ 9 Abs. 2 der AV. II S. 191). Der innerhalb der VGr. noch offene Raum ist in der Zwischenverfügung zahlenmäßig anzugeben. Nach Ablauf der Frist ist der Antrag zurückzuweisen, wenn nicht inzwischen die Behebung des Hindernisses nachgewiesen ist (§ 18 Abs. 1 Satz 2 GBO.). Nötigenfalls hat eine Schutzeintragung nach § 18 Abs. 2 GBO. zu erfolgen. (Bezüglich der Zwangshypotheken für nicht einheitliche Forderungen vgl. Bem. 3 zu Art. 10 S. 135.)

2. Wie nach Art. 8 die VGr. nur die Eintragung von über die 75%ige Grenze hinausgehenden Hypotheken, Grund- und Rentenschulden und beständigen oder für bestimmte Zeit zu entrichtenden festen Geldrenten hindert, so kommen im notwendigen Verfolg des gleichen Prinzipes auch bei der Feststellung der Zulässigkeit einer Neubelastung von den schon bestehenden Belastungen nur jene 4 Gattungen in Anrechnung. Andere Rechte scheiden für das Gebiet der VGr. vollkommen aus, wenn sie auch — wie gerade der bei diesen kleineren Anwesen so häufige Austrag — oft eine sehr fühlbare Belastung des Anwesens bilden. (Vgl. § 8 Abs. 3 der AV. II S. 190 f.)

3. Bei der Hypothek, mag sie nun Brief- (§ 1116 Abs. 1 BGB.), Buch- (§ 1116 Abs. 2 BGB.), oder Sicherungshypothek (§ 1184 BGB.) sein, kommt als Belastungswert stets der Kapitalbetrag in Anrechnung. Ob die zugrunde liegende Forderung diese Höhe (noch) hat, oder überhaupt noch besteht, ist gleichgültig. Solange eine gänzliche oder teilweise Löschung der Hypothek (vgl. auch Bem. 6 zu Art. 4 S. 72 f.) nicht erfolgt ist, kann eine etwaige Minderung oder gänzliche Tilgung der Forderung nicht berücksichtigt werden. Denn der Grundbuchrichter muß ja auf Grund des Standes des Grundbuches und des Inhaltes der Grundbuchanlagen über die Zulässigkeit der Neueintragung entscheiden, kann also nicht berücksichtigen, was darin nicht enthalten ist. (Übrigens gilt ja auch die Eigentümerhypothek und -grundschuld gleich den übrigen Hypotheken und Grundschulden, § 8 Abs. 2 AV. II S. 190.) — Auch die Sicherungshypothek für eine bedingte Forderung (nicht identisch mit der bedingten Hypothek!) kommt mit ihrem ins Grundbuch eingetragenen Kapitalbetrag zur Anrechnung (z. B. die Sicherungshypothek des Militärfiskus für seinen bedingten Kapitalabfindungs-Rückforderungsanspruch nach § 8 Abs. 2 KAG.; vgl. auch Bem. 7 zu Art. 2 S. 59 f.). Auch bei der Gesamthypothek (§ 1132 BGB.) ist stets der ganze Kapitalbetrag, und zwar auch dann maßgebend, wenn etwa die übrigen mithaftenden Grundstücke der VGr. nicht unterliegen.

Die Höchstbetragshypothek (§ 1190 BGB.) wird mit ihrem Höchstbetrag in Ansatz gebracht, selbst wenn die

Forderung schon endgültig in geringerer Höhe entstanden und ihr Steigen bis zum Höchstbetrag ausgeschlossen ist, solange nicht eine Löschung des nicht valutierten Teiles erfolgt ist.

4. Grundschuld (§ 1191 BGB.). Wie schon erwähnt ist auch die Eigentümergrundschuld mit ihrem Kapitalbetrag zu berücksichtigen (§ 8 Abs. 2 AB. II S. 190).

5. Rentenschuld (§ 1199 BGB.) Die als Belastungswert in Betracht kommende Ablösungssumme ist nach § 1199 Abs. 2 Satz 2 BGB. stets im Grundbuch eingetragen.

6. Die „Geldrenten" des Art. 11 sind natürlich nichts anderes, als die „beständigen oder für eine bestimmte Zeit zu entrichtenden festen Geldrenten" des Art. 8; mit der der Kürze halber gewählten Bezeichnung „Geldrenten" will Art. 11 keine allgemeine Anrechenbarkeit der Geldrenten — abweichend vom Grundsatz des Art. 8 — festsetzen.

Die bezeichneten Geldrenten sind mit dem 25fachen Jahresbetrag oder, wenn der Gesamtbetrag der Rentenleistungen geringer ist, mit diesem Betrag in Ansatz zu bringen (vgl. § 9 ZPO.). Es handelt sich hier um Reallasten (§ 1105 BGB.), die also in Abt. II des Grundbuchs eingetragen sind, sich im übrigen aber äußerlich wenig von den Rentenschulden unterscheiden (vgl. näheres über den Unterschied bei Staudinger Vorbem. II a vor § 1199 und Turnau-Förster Bem. 3 zu § 1199), zumal in Bayern nach Art. 82 Abs. 2 AG. BGB. bei Bestellung dieser Reallasten stets wie bei den Rentenschulden eine Ablösungssumme festgesetzt und diese nach § 384 Abs. 2 der DAnw. auch ins Grundbuch eingetragen werden muß. Die in Art. 11 angeordnete verschiedenartige Anrechnung der Rentenschulden und der Geldrenten der bezeichneten Art erscheint deshalb für Bayern nur mit Rücksicht auf die vor Anlegung des Grundbuches schon entstandenen derartigen Reallasten, bei denen eine Ablösungssumme nicht notwendig eingetragen ist, gerechtfertigt. — Es bleibt also zu beachten, daß bei den Geldrenten der bezeichneten Art nicht etwa die im Grundbuch eingetragene Ablösungssumme, sondern stets der 25fache Jahres- bzw. der geringere Gesamtbetrag in Anrechnung zu bringen ist.

7. Hypothek, Grundschuld usw. können auch bedingt bestellt werden. Die Bedingung hat keinen Einfluß auf den Belastungswert.

8. Widerspruch (§§ 894, 899 BGB.), Vormerkung (§ 883 BGB.). Der § 48 ZVG. bestimmt für die Zwecke der Feststellung des geringsten Gebotes:

„Bedingte Rechte sind wie unbedingte, Rechte, die durch Eintragung eines Widerspruchs oder einer Vormerkung gesichert sind, wie eingetragene Rechte zu berücksichtigen."

Mit etwas anderen Worten ordnet also Art. 11 für die Feststellung der Zulässigkeit einer zur Eintragung beantragten Belastung das gleiche an, wie der § 48 ZVG. für die Feststellung des geringsten Gebotes. Die durch Vormerkung oder Widerspruch zu sichernden bzw. gesicherten Rechte sind solche, die, wenn sie definitiv eingetragen wären, eine eigene Belastung des Grundstückes bilden würden (z. B. eine gelöschte Hypothek, gegen deren Löschung ein Widerspruch eingetragen ist, oder ein durch eine Vormerkung gesicherter Anspruch auf Einräumung einer noch nicht eingetragenen Hypothek usw.). Vgl. hiezu Steiner Bem. 3 zu § 48 ZVG. Würde also das definitiv eingetragene, durch Vormerkung oder Widerspruch gesicherte Recht (z. B. der Anspruch eines Hypothekgläubigers auf Löschung einer vorgehenden Hypothek) keine Belastung des Grundstücks, vielmehr die Löschung, also den Wegfall einer Belastung, oder würde es keine selbständige Belastung des Grundstücks bedeuten (so der durch Vormerkung gesicherte Anspruch eines Gläubigers auf Einräumung eines Rechts an einem eingetragenen Rechte), oder würde es endlich zwar eine selbständige Belastung bilden, diese aber nicht zu den für die BGr. in Betracht kommenden 4 Belastungsarten zählen, so kommt das durch Vormerkung oder Widerspruch gesicherte Recht bei der Feststellung der Zulässigkeit der neueinzutragenden Belastung nicht in Ansatz.

9. Gesamthypothek (§ 1132 BGB.). Der § 1132 BGB. findet auch auf Grund- und Rentenschulden entsprechende Anwendung. Vgl. auch Bem. 3 S. 141.

10. Die Grundsätze des Art. 11 sind nicht nur für die Berechnung, ob sich eine einzutragende Belastung innerhalb der Verschuldungsgrenze hält, sondern auch für die Einhaltung der Beleihungsgrenze durch die LKRAnst. maßgebend (vgl. Bem. 5 und 3 zu Art. 4 S. 70, 66 ff.). Nach der Stellung des Art. 11 im Gesetz bezieht er sich zwar unmittelbar nur auf die VGr. Da sich aber nach Art. 8 der Betrag der VGr. mit dem durch Art. 2 bestimmten Betrag der theoretischen höchsten Darlehenshöhe (der Beleihungsgrenze) deckt und sich die praktische höchste Darlehenshöhe (= Höhe der innerhalb der Beleihungsgrenze für die LKRAnst. bestellbaren Hypothek) nur durch eine dem Verfahren des Art. 11 (oben Bem. 1) entsprechende Berechnungsart ermitteln läßt (Bem. 5 zu Art. 4 S. 70), müssen mangels besonderer Regelung die Grundsätze des Art. 11 analog auch dort angewendet werden.

Art. 12.

Die Verschuldungsgrenze fällt weg:

1. wenn das Grundstück im Zwangswege versteigert wird,
2. wenn der Eigentümer die Aufhebung der Verschuldungsgrenze beantragt. Solange das Darlehen der Landeskulturrentenanstalt nicht getilgt ist, ist zur Aufhebung die Zustimmung der Landeskulturrentenkommission erforderlich.

1. Der Art. 12 behandelt die beiden Hauptfälle, in denen die VGr. „wegfällt“ und im Grundbuche gelöscht wird.

Ein weiterer Fall der Löschung der VGr. ergibt sich aus § 14 Abs. 1 Buchstabe a der AB. II (S. 192). Darnach wird die Eintragung der VGr. nämlich von Amts wegen gelöscht, wenn die Hypothek der LKRAnst. nicht zur Entstehung gelangt oder erlischt. Mit dieser dem Sinne des Art. 8 AnsG. entsprechenden Anwendung des § 54 GBO. wird die eingetragene VGr. ohne gleichzeitigen Bestand der Hypothek der LKRAnst. als eine „ihrem Inhalte nach unzulässige Eintragung“ (§ 54 Abs. 1 Satz 2 GBO.) erklärt. Daraus folgt, daß der Ausdruck „erlischt“ in § 14 Abs. 1 Buchstabe a der AV. II nicht eng im Sinne des Sprachgebrauches des BGB. (z. B. §§ 1178, 1181), sondern in einem weiteren, alle Erlöschungsarten (vgl. Staudinger Bem. I und VII zu § 1183 BGB., Kommentar von Reichsgerichtsräten Bem. 1 zu § 875 BGB.) umfassenden Sinne zu verstehen ist; denn unzulässig und darum von Amts wegen zu löschen ist eben die VGr. ohne die zugehörige Hypothek der LKRAnst. nach Art. 1 AnsG.; aus welchem Grunde die Hypothek wegfiel, muß darum hier gleichgültig bleiben. Teillöschungen der Hypothek berühren selbstredend den Bestand der VGr. niemals, solange noch ein Restteil der Hypothek der LKRAnst. eingetragen bleibt. (Den gleichen Grundsatz wie § 14 Abs. 1 Buchstabe a verfolgt auch der § 12 der AV. II: wird ein Grundstück oder ein Grundstücksteil aus dem Verbande der für die LKRAnst. eingetragenen Hypothek freigegeben, so wird die VGr. insoweit gegenstandslos — nach § 14 Abs. 1 lit. a der AV. II richtiger unzulässig! — und sie ist von Amts wegen zu löschen bzw. hat die Eintragung oder Übertragung der VGr. auf das neue Blatt zu unterbleiben.)

2. Die Fassung der Ziff. 1, die ja selbst keinen Zeitpunkt bestimmt, sondern nur eine Bedingung setzt, läßt wohl nur eine Deutung des Willens des Gesetzgebers dahin zu, daß die VGr. — ebenso wie die in § 91 Abs. 1 ZVG. genannten Rechte — bei der Zwangsversteigerung nicht erst mit der Löschung im Grundbuch, sondern schon mit dem Zeitpunkte des Zuschlages erlischt, also wirkungslos wird, falls nicht der Zuschlagsbeschluß im Beschwerdewege rechtskräftig wieder aufgehoben wird (vgl. § 90 ZVG.). Die Löschung der wirkungslos gewordenen VGr. erfolgt dann im Wege der Grundbuchberichtigung auf Ersuchen des Vollstreckungsgerichtes (§ 130 ZVG. und § 14 lit. b der AV. II S. 192). Vor vollzogener Löschung wird die Wirkungslosigkeit der VGr. nur bei Nachweis der Rechtskraft des Zuschlagsbeschlusses geltend gemacht werden können.

3. Abgesehen von dem Falle der Zwangsversteigerung erfolgt bei bestehender Hypothek der LKRAnst. für ihr Darlehen nach Art. 1 AnsG. die Aufhebung, d. h. Löschung der VGr. nur auf Antrag des Grundstückeigentümers und zwar gleichviel, ob dies noch der Kriegsbeschädigte oder sein Rechtsnachfolger ist.

Der Antrag bedarf im Sinne der §§ 30 und 19 GBO. der Form des § 29 GBO. In Analogie zu der Vorschrift des Art. 9 Abs. 1 Satz 2 für den Eintragungsantrag wird wohl auch für den Löschungsantrag die Form des Satz 2 des § 29 GBO. zu verlangen sein. (Vgl. Bem. 1 b zu Art. 9 S. 125 f.).

4. Solange das Darlehen der LKRAnst. nicht getilgt ist, bedarf es zu der auf Antrag des Eigentümers erfolgenden Löschung noch der Zustimmung der LKRKomm. Da die Tilgung des Darlehens nicht notwendigerweise sofort die Löschung der Hypothek nach sich zieht, die Hypothek also noch eingetragen sein kann, trotzdem das Darlehen schon getilgt ist, kann der Grundbuchrichter aus dem Inhalte des Grundbuches und der Grundbuchanlagen nicht entnehmen, ob die Zustimmung der LKRKomm. erforderlich ist oder nicht. In allen Fällen muß daher dem VGr.-Löschungsantrag des Eigentümers ein Nachweis (§ 29 GBO.) entweder für die erfolgte Tilgung des Darlehens oder für die Zustimmung der LKRKomm. zur Löschung der VGr. (Löschungsbewilligung) beigefügt werden. Beidesfalls wird eine von der LKRKomm. abgegebene schriftliche Erklärung genügen, da diese den Charakter einer öffentlichen Urkunde besitzt (Güthe Bem. 36 zu § 29 GBO. und Henle-Schmitt, Bem. 5 zu § 29 GBO.).

5. Für die Form der Löschung der VGr. gelten die bestehenden Vorschriften (§ 14 Abs. 2 der AB. II S. 192 und § 290 DAnw.).

Art. 13.

Ausfälle an Kapital und Zinsen bei den nach Maßgabe dieses Gesetzes gewährten Landeskulturrentendarlehen sind der Landeskulturrentenanstalt von der Staatskasse zu ersetzen.

1. Die LKRAnst. hat bei ihrer Errichtung ein Verlagskapital von 50000 Mk. zur Deckung von Zinsen- und Kapitalsausfällen erhalten (Haag S. 113). Dem gleichen Zweck zu

dienen bestimmt ist der nach Art. 28 Abs. 3 LKRAG. zu bildende Reservefonds der Anstalt. Erst soweit der Reservefonds nicht ausreicht, werden bei Landeskulturrentendarlehen nach Art. 32 LKRAG. Ausfälle an Kapital oder Zinsen durch die Staatskasse ersetzt. Bei den Ansiedelungsdarlehen dagegen sind nach Art. 13 alle Ausfälle an Kapital und Zinsen — ohne Inanspruchnahme des Reservefonds der Anstalt — der LKRAnst. von der Staatskasse zu ersetzen.

2. Die LKRAnst. hat Verluste bisher überhaupt nicht erlitten. Bei den Ansiedelungsdarlehen dürfte die Verlustgefahr allerdings größer sein, zumal die Anstalt auch beim Vollzug des Gesetzes als eines Wohlfahrtsgesetzes in der Wahrung ihrer Rechte mit tunlichster Schonung vorgehen müssen wird und fiskalische Interessen hier mehr noch als im Bereiche des LKRAG. zurückzutreten haben werden.

3. Der Anstalt stehen verschiedenartige Mittel zur Verhütung von Verlusten zu Gebote. Die beste Sicherung von vorneherein wird in dieser Richtung eine möglichst gewissenhafte Prüfung der Eignung des Antragstellers in persönlicher Hinsicht und eine Darlehensgewährung nur an solche Kriegsbeschädigte sein, die durch ihre Person, Vorbildung usw. sichere Gewähr für ein gutes Wirtschaften bieten (vgl. Bem. 12, 13, 15 zu Art. 1 S. 47, 48, 49 f.). Eine strenge Durchführung dieses Grundsatzes wird allerdings der berechtigte Wunsch, die Wohltat des Gesetzes möglichst vielen Kriegsbeschädigten zugute kommen zu lassen, erschweren. — Eine gewissenhafte Schätzung des Beleihungswertes des Grundstückes und eine genaue Überprüfung der Schätzungsgutachten, Kostenvoranschläge usw. wird verhüten müssen, daß der Darlehensbemessung verlustbringende Phantasiewerte zugrunde gelegt werden (vgl. Bem. 2, 3 und 6 zu Art. 2 S. 52 ff., 57, 58). — Ist das Darlehen ganz oder zum Teil ausbezahlt, so wird eine gewissenhafte Überwachung der angemessenen Verwendung zur Vermeidung von Verlusten beitragen (vgl. Bem. 11 zu Art. 6 S. 114 f.). Unter Umständen kommt die Einstellung der Auszahlung weiterer Teilbeträge oder die Setzung weiterer Bedingungen für eine Auszahlung des Darlehensrestes in Betracht (vgl. Bem. 1

zu Art. 13 LKRAG. S. 87). — Ein wertvolles Mittel zur wirtschaftlichen Erhaltung des Angesiedelten und damit auch zur Vermeidung von Verlusten für die LKRAnst. wird die Eintragung der Verschuldungsgrenze auf dem Anwesen bilden. Unter Umständen wird die LKRKomm. ihre Eintragung als Bedingung für die Darlehensgewährung verlangen können (vgl. Bem. 1 b zu Art. 9 S. 125 und Bem. 2 zu Art. 11 LKRAG. S. 83). Wenn das Darlehen angemessen verwendet ist, bleibt weiter die Erfüllung der vom Angesiedelten übernommenen Verpflichtungen bezüglich Wirtschaftsführung, Brandversicherung usw. (vgl. Bem. 2 und 11 zu Art. 6 S. 109 ff., 114 f.) zu überwachen. Verletzt der Angesiedelte solche Pflichten, so wird er zur Einhaltung zu veranlassen und auf die möglichen Folgen hinzuweisen sein. Läßt sich eine Einhaltung der billiger- und notwendigerweise aufgestellten Vorschriften auf gütlichem Wege nicht erreichen, so kommt entweder ein Vorgehen nach §§ 1133, 1134 BGB. (vgl. Bem. 5 und 6 zu Art. 6 S. 111, 112) oder die Darlehenskündigung in Frage (vgl. Bem. 2, 8—10 zu Art. 6 S. 109 f., 112 ff). Wird der Rang oder die Rechtsgültigkeit der Hypothek der LKRAnst. bestritten, so kann diese Gefährdung der Sicherung der Anstalt zu einer Darlehenskündigung nach Art. 5 Ziff. 2 LKRAG. Anlaß bieten (vgl. Bem. 3 zu Art. 6 S. 111.) Bei Einwirkungen Dritter, die auf den Wert des Grundstücks und damit die Sicherheit der Hypothek der LKRAnst. schädigenden Einfluß haben, kann die Anstalt nach § 1134 BGB. vorgehen (vgl. Bem. 6 zu Art. 6 S. 112). Rückständige Kulturrenten können von den Rentämtern im Wege der Zwangsvollstreckung beigetrieben werden (vgl. Bem. 2 zu Art. 23 LKRAG. S. 92).

Kommt auf Antrag dritter Gläubiger oder der LKRAnst. das Anwesen zur Zwangsversteigerung, so kann unter Umständen ein dabei etwa drohender Verlust abgewendet werden durch Erwerb (Einsteigerung) des Anwesens für den Bayr. Kriegsinvalidenfonds (e. V.) (vgl. Ziff. 11 der AV. I und Einleitung S. 23) oder die Landessiedlungsgesellschaft (vgl. Einleitung S. 25). — Gerät der Anwesenseigentümer in Konkurs, so hat eine Anmeldung der Forderung der LKRAnst. mit Rücksicht auf ihr Absonderungsrecht am Grundstück zu unterbleiben (vgl. § 7 Abs. 2 der Instr. II; vgl. Bem. 2 S. 92).

Schließlich kann unter Umständen auch noch zur Erlangung eines Ersatzes für bereits entstandene Verluste eine Inanspruchnahme der Haftung der amtlichen Schätzer (vgl. Henle-Schneider Bem. 3 zu Art 88 AG. BGB. und Dietz S. 19 f.) durch die LKRAnst. in Betracht kommen.

Art. 14.

Die Staatsregierung wird ermächtigt, innerhalb des jeweils durch Gesetz für die Ausgabe von Landeskulturrentenscheinen festgesetzten Höchstbetrags Darlehen nach Maßgabe dieses Gesetzes bis zum Gesamtbetrage von zunächst 4 Millionen Mark zu gewähren.

1. Wenn Art. 14 „die Staatsregierung" zur Darlehensgewährung ermächtigt, so ist das wohl ein Versehen. Denn nur der Staatszuschuß nach Art. 7, um den es sich hier offensichtlich nicht handelt, wird vom Staat durch die Staatsregierung gewährt (vgl. auch den in der Einleitung S. 8 abgedruckten Beschluß des Landtags „die K. Staatsregierung wird ermächtigt . . . . ."). Die Darlehen selbst dagegen werden von der LKRKomm. bewilligt und von der LKRAnst. gewährt; und wenn auch die LKRAnst. eine Staatsanstalt und der LKRKomm. im Staatsministerium des Innern errichtet ist, so hat doch die Staatsregierung als solche mit der Darlehensgewährung nichts zu tun.

2. Art. 1 LKRAG. bestimmt in Abs. 2, nachdem Abs. 1 die Aufgaben der LKRAnst. im allgemeinen umschrieben hat, folgendes:

> „Zu diesem Behufe werden Schuldverschreibungen (Landeskultur-Rentenscheine) in dem jeweils durch Gesetz festgelegten Maximalbetrag ausgegeben. Diese Schuldverschreibungen bilden eine unter verfassungsgemäßer Gewährschaft stehende besondere Staatsschuld."

Im Gesetz vom 21. April 1884 war der Maximalbetrag auf 2000000 Mk. festgesetzt worden. Er wurde dann durch Finanzgesetz 1894 auf 4000000 Mk., 1902 auf 16000000 Mk.,

1904 auf 30000000 Mk., 1908 auf 50000000 Mk., 1910 auf 70000000 Mk., endlich 1916 auf 100000000 Mk. erhöht. Innerhalb dieser Grenze dürfen Rentenscheine nur insoweit ausgegeben werden, als der Nennwert der ausgegebenen Rentenscheine einer jeden Zinsgattung den Betrag der gewährten Darlehen der entsprechenden Zinsgattung nicht übersteigt (Art. 28 LKRAG.).

Die gesamte Landeskultur-Rentenschuld betrug:

Mai	1905:	14654600 Mk.
„	1907:	20881100 Mk.
Ende	1909:	31851100 Mk.
„	1910:	41956300 Mk.
„	1911:	46473500 Mk.
„	1912:	53748200 Mk
„	1913:	61455700 Mk.
„	1914:	68765200 Mk.
„	1915:	75927500 Mk.

3. Innerhalb des Maximalnennbetrages der auszugebenden Rentenscheine von z. Z. 100000000 Mk. dürfen nach Maßgabe des AnsG. zunächst Darlehen bis zum Gesamtbetrage von 4000000 Mk. ausgegeben werden. Unter diesem Gesamtbetrage ist hier nicht die Summe der unter Berücksichtigung des bei der Hingabe bestehenden Kurswertes der Rentenscheine tatsächlich gegebenen Darlehenswerte, sondern der Nennbetrag der sämtlichen ausgegebenen Ansiedlungsdarlehen zu verstehen. Denn die 4000000 Mk. sind ja als Teilbetrag der ebenfalls nur einen Nennbetrag mit wechselndem Effektivwert darstellenden 100000000 Mk. gedacht.

4. Das im Regierungsentwurf nicht enthaltene Wort „zunächst“ wurde auf Antrag eines Abgeordneten nachträglich noch eingesetzt. Die damit zum Ausdruck gebrachte Möglichkeit, im Bedarfsfalle später durch Gesetz die Summe von 4000000 Mk. zu erhöhen, hätte natürlich auch ohne diese Einfügung bestanden.

Art. 15.

Die Vorschriften zur Ausführung dieses Gesetzes, insbesondere über das Verfahren hinsichtlich der Darlehensgesuche und der Prüfung der persönlichen Eignung des Gesuchstellers werden durch die beteiligten Staatsministerien erlassen.

1. An Ausführungsvorschriften zum AnsG. sind ergangen:

a) Die Bekanntmachung des Staatsministeriums des Innern vom 15. Januar 1917 Nr. 143 g 85 (MABl. KrBeil. S. 47) abgedruckt i. Anhang S. 182 ff

b) Die Bekanntmachung der Staatsministeriums der Justiz vom 25. Juli 1917 Nr. 29401 (JMBl. S. 70) abgedruckt i. Anhang S. 188 ff.

2. Weiter kommen für den Vollzug des AnsG. als entsprechend anwendbar noch eine Reihe von Vorschriften in Betracht, die zum Vollzuge des LKRAG. erlassen wurden. Hierüber vgl. Bem. 2 zu Art. 5 AnsG. S. 74.

Anhang.

a) Königliche Verordnung vom 8. Februar 1911 zum Vollzuge des Gesetzes über die Landeskultur-Rentenanstalt.

(GVBl. S. 77).

Im Namen Seiner Majestät des Königs.

Luitpold,

von Gottes Gnaden Königlicher Prinz von Bayern, Regent.

Wir haben die Verordnung vom 4. Juni 1884, betreffend den Vollzug des Gesetzes über die Landeskultur-Rentenanstalt (GVBl. S. 413) einer Abänderung unterstellen lassen und verordnen an ihrer Stelle, was folgt:

I. Landeskultur-Rentenkommission.

§ 1.

Die im Staatsministerium des Innern gebildete Landeskultur-Rentenkommission besteht aus je einem höheren Beamten der Staatsministerien der Justiz, des Innern und der Finanzen sowie aus einem Mitgliede des Bayerischen Landwirtschaftsrats.

Die Mitglieder werden von Uns ernannt. Für jedes Mitglied wird von Uns ein Stellvertreter bestimmt.

Im Falle eines außerordentlichen Bedarfs ist jedes der bezeichneten Staatsministerien sowie der Bayerische Landwirtschaftsrat ermächtigt, außerordentliche Stellvertreter der Mitglieder in vorübergehender Weise zu bestimmen.

Wir behalten Uns vor, im Bedarfsfalle die Kommission durch weitere Mitglieder zu verstärken.

§ 2.

Zur Beschlußfassung ist die Mitwirkung von wenigstens drei Mitgliedern erforderlich. Bei Verhinderung eines Mitglieds hat dessen Stellvertreter mitzuwirken.

Die Beschlüsse werden mit Stimmenmehrheit gefaßt; bei Stimmengleichheit entscheidet die Stimme des dem Staatsministerium des Innern angehörenden Mitglieds oder seines Stellvertreters.

§ 3.

Die Geschäftsleitung obliegt dem der Kommission angehörenden Beamten des Staatsministeriums des Innern oder seinem Stellvertreter. Von diesem werden auch die Ausfertigungen der Beschlüsse und der Verfügungen der Kommission gezeichnet.

Die Bureaugeschäfte der Kommission werden im Staatsministerium des Innern besorgt.

§ 4.

Die Kommission ist dem Staatsministerium des Innern untergeordnet. Sie verkehrt unmittelbar mit den Behörden.

§ 5.

Die Kommission führt ein Dienstsiegel mit der Umschrift „Königl. Bayer. Landeskultur-Rentenkommission".

II. Rechtliche Vertretung der Landeskultur-Rentenanstalt.

§ 6.

Die rechtliche Vertretung der Landeskultur-Rentenanstalt in den Rechtsverhältnissen, die zwischen ihr und den Darlehensnehmern aus den bewilligten oder vollzogenen Darlehen entstehen, übertragen Wir unbeschadet der Befugnisse, die nach Art. 3, 5, 6, 8, 11, 12, 13 des Gesetzes der Landeskultur-Rentenkommission eingeräumt sind, den Regierungen, Kammern der Finanzen.

In den Forderungsangelegenheiten der Staatsgläubiger aus den Landeskultur-Rentenscheinen wird der Staat durch die Direktion der Staatsschuldenverwaltung vertreten.

München, den 8. Februar 1911.

Luitpold,
Prinz von Bayern,
des Königreichs Bayern Verweser.

Dr. v. **Miltner**, Dr. v. **Pfaff**, Dr. v. **Brettreich**.

Auf Allerhöchsten Befehl:
Der General-Sekretär:
Ministerialrat Kahr.

b) Auszug aus der Anleitung zur Behandlung der Gesuche um Landeskultur-Rentendarlehen vom 18. November 1908 in der Fassung der Min.-Bek. vom 20. Dezember 1910.

(MABl. 1908 S. 577 u. 1911 S. 3).

§ 2.

Ueber die zu beleihenden Unternehmungen müssen die Gesuchsvorlagen erschöpfenden Aufschluß geben.

a) Die Pläne und Kostenanschläge sind, mit den nötigen Erläuterungen versehen, der Landeskultur-Rentenkommission zur Prüfung vorzulegen; bei geringfügigeren Unternehmungen genügt eine genaue Beschreibung des beabsichtigten Unternehmens nebst Kostenanschlag.

b) Die beteiligten Grundflächen sind stets nach dem Meterfeldmaße zu bezeichnen.

c) Die durch die Kulturunternehmung bezweckte Verbesserung der Grundstücke und die davon für die Grundstücke zu erwartende Wertserhöhung (Art. 10 Abs. 2 des Gesetzes) sind darzulegen. Die Wertserhöhung ist tunlichst ziffermäßig, nach technischen Grundsätzen, nachzuweisen.

d) Die Projekte müssen, wenn sie nicht von einem öffentlich bestellten Sachverständigen ausgearbeitet sind, von einem solchen geprüft sein. Als Sachverständiger erscheint in der Regel der amtliche Kulturingenieur (das Kulturbauamt) berufen. Geeignetenfalls ist an dessen Stelle das betreffende Straßen- und Flußbauamt oder Forstamt, die K. Flurbereinigungskommission, die K. Moorkulturanstalt oder das K. Wasserversorgungsbureau, der Konsulent für Obst- und Gartenbau oder der Konsulent für Fischereiwesen um Prüfung des Projekts zu ersuchen.

e) Von denselben Sachverständigen und Behörden ist auch die Oberaufsicht über die Ausführung der zu beleihenden Unternehmungen, je nach deren Beschaffenheit, wahrzunehmen; wo dies unnötig oder untunlich erscheint, hat die zuständige Distriktsverwaltungsbehörde auf sonstige Weise für eine vollkommen zuverlässige Leitung und Beaufsichtigung der Ausführung Sorge zu tragen.

Soweit das Unternehmen nicht von einer Gemeinde oder einem sonstigen einer amtlichen Aufsicht unterstehenden Unternehmer (z. B. einer Wassergenossenschaft) ausgeführt wird, muß sich der Unternehmer der Aufsicht über die Ausführung und die Unterhaltung des Unternehmens durch amtliche Organe unterwerfen.

B. Darlehen zu den in Art. 2 Ziff. III des Gesetzes bezeichneten Unternehmungen.[1])

§ 8.

Zur Abfassung der Gesuche soll von den Gemeinden das hierfür bestimmte Formblatt D[2]) verwendet werden; dasselbe kann jederzeit bei der Landeskultur-Rentenkommission unentgeltlich bezogen werden.

§ 9.

Über die zu beleihenden Unternehmungen (vgl. Art. 2 Ziff. III, Art. 14—16 des Gesetzes) müssen die Gesuchsvorlagen erschöpfenden Aufschluß geben.

1. Vor allem ist der Gegenstand des Unternehmens genau darzustellen; insbesondere muß die Beschreibung des

[1]) Herstellung und gesundheitliche Verbesserung von Kleinwohnungsbauten für die minderbemittelte Bevölkerung und Ansiedlung von landwirtschaftlichen Arbeitern.

[2]) Ersetzt durch den S. 193 ff. abgedruckten Gesuchsfragebogen!

Unternehmens ersehen lassen, ob die Herstellung von Kleinwohnungsbauten für die minderbemittelte Bevölkerung, die gesundheitliche Verbesserung solcher Bauten oder die Ansiedelung landwirtschaftlicher Arbeiter in Frage steht und ob hinsichtlich dieser Unternehmungen die Voraussetzungen des Gesetzes (Art. 14) erfüllt sind.

2. Ferner ist genau anzugeben, wer als Unternehmer der Kleinwohnungsbauten und Ansiedelungen anzusehen ist, ob die Gemeinde oder ob rechtsfähige gemeinnützige Vereinigungen die Herstellung oder gesundheitliche Verbesserung von Kleinwohnungsbauten für die minderbemittelte Bevölkerung oder die Ansiedelung landwirtschaftlicher Arbeiter in Angriff nehmen wollen, oder ob und welche landwirtschaftlichen Grundbesitzer landwirtschaftliche Arbeiter ansiedeln wollen.

3. Über die in der Ziff. 1 genannten Unternehmungen sind die erforderlichen Pläne und Kostenanschläge beizufügen; dieselben müssen, wenn sie nicht von einem öffentlich bestellten Sachverständigen ausgearbeitet sind, von einem solchen geprüft werden. Als solche Sachverständige erscheinen insbesondere die staatlichen und gemeindlichen Baubeamten oder die bautechnischen Beamten der K. Regierungen, Kammern des Innern, und der K. Bezirksämter.

4. Für die in Betracht kommenden Grundstücke sind beizufügen: der Grundsteuerkatasterauszug, der Grundbuchsauszug und gegebenenfalls die Brandversicherungsurkunde.

5. Im Falle das Darlehen durch die Gemeinde für gemeinnützige Vereinigungen vermittelt werden soll, sind die Satzungen (Statuten) der Vereinigung, der Nachweis über die Eintragung derselben in das Vereins-, Handels- oder Genossenschaftsregister oder über den sonstigen Erwerb der Rechtsfähigkeit sowie darüber, daß die Vereinigung gemeinnützig ist (vgl. Art. 16 des Gesetzes), beizubringen.

Der zwischen der Gemeinde und der Vereinigung und dem Grundbesitzer abzuschließende Vertrag ist vorzulegen.

Der Vertrag muß enthalten:

a) die Bestimmungen über die Verzinsung und Rückzahlung des Darlehens (Art. 17, Art. 18 Abs. 1 Ziff. 1 des Gesetzes);

b) die Bestimmungen über die Kündigung des Darlehens;

c) die Bestimmungen über die ordnungsmäßige Ausführung der zu belehnenden Bauten, über ihre Aufnahme in die Brandversicherungsanstalt und ihre zweckentsprechende Benützung und Unterhaltung (Art. 22 des Gesetzes);

d) die Bestimmung, daß die Vereinigung verpflichtet ist, ihre jährlichen Rechnungsnachweise (Jahresrechnung, Bilanz usw.), ihre Geschäftsberichte und übrigen Bekanntmachungen, sowie die Protokolle über die Mitgliederversammlungen und über etwaige Revisionen (vgl. § 53 des Genossenschaftsgesetzes) jeweils unverzüglich der Gemeinde in Abschrift einzureichen;

e) die Bestimmung, daß die Vereinigung einem mit dem Rechte zur Bestellung eines Revisors nach §§ 54 und 57 des Gesetzes vom $\frac{\text{1. Mai 1889}}{\text{20. Mai 1898}}$, betreffend die Erwerbs- und Wirtschaftsgenossenschaften, ausgestatteten Verbande angehören muß und nur mit Zustimmung der Gemeinde austreten darf;

f) die Bestimmungen, durch welche möglichst dafür gesorgt wird, daß die Zwecke, zu denen die Bauten erstellt werden, nicht vereitelt, insbesondere die Bauten nicht zum Gegenstande der Spekulation gemacht werden.

Muster für den Vertrag bieten die Formblätter E, F und G, welche von der Landeskultur-Rentenkommission unentgeltlich bezogen werden können. Die Formblätter E, F und G suchen das Ziel, die Bauten ihrer Zweckbestimmung als Kleinwohnungsbauten und Landarbeiteransiedelungen möglichst zu erhalten, sowohl durch gewisse, eine andere Verwendung möglichst hindernde Vertragsbestimmungen (z. B. durch Bestimmungen über die Person der Mieter und die Mietpreise, durch das Verbot der Aufnahme sogenannter Schlafgänger, durch das Verbot der Einrichtung gewerblicher Betriebe) als auch dadurch zu erreichen, daß sie der Gemeinde die Möglichkeit offen halten, das Gebäude im Falle der Veräußerung zu erwerben. Zu letzterem Zwecke ist in dem einen Formblatte ein dingliches Vorkaufsrecht der Gemeinde, in dem anderen Formblatt ein der Gemeinde eingeräumter und durch eine Vormerkung dinglich gesicherter Anspruch auf Uebertragung des Eigentums vorgesehen; der

Unterschied zwischen beiden Wegen liegt hauptsächlich darin, daß bei dem Vorkaufsrechte die Gemeinde die Gebäude zu dem Preise erwerben muß, den der Vorkaufsverpflichtete mit seinem Käufer vereinbart hat, während bei dem anderen Wege der Preis, den die Gemeinde zu zahlen hat, durch ein Schiedsgericht festgesetzt wird, soferne die Gemeinde den zwischen dem Vorkaufsverpflichteten und dem Dritten vereinbarten Preis für unangemessen hält.

Das bezeichnete Ziel kann auch auf anderem Wege erreicht werden. Insbesondere kann, soferne die Gemeinde das Bauland hergibt, die Möglichkeit, daß die Gemeinde das Gebäude im Falle der Veräußerung erwirbt, auch durch Vereinbarung eines Wiederkaufsrechtes und die dingliche Sicherheit dieses Rechtes durch Vormerkung geschaffen werden.

Besitzt die Gemeinde den Grund und Boden, auf dem das Gebäude erstellt werden soll, und will sie sich desselben nicht für immer entäußern, so bietet ihr die Bestellung eines Erbbaurechtes das geeignete Mittel. Es empfiehlt sich das Erlöschen des Erbbaurechtes für den Fall zu vereinbaren, daß den die Verhinderung der Spekulation bezweckenden Bedingungen des Erbbauvertrages (z. B. über die Person der Mieter) zuwidergehandelt wird.

g) Die Gemeinde kann mit der Vereinigung oder dem Grundbesitzer vereinbaren, daß das Darlehen, wenn es die Gemeinde von der Landeskultur-Rentenkommission in Schuldverschreibungen zum Nennbetrage erhält (Art. 4 des Gesetzes), von ihr der Vereinigung oder dem Grundbesitzer in der gleichen Weise gegeben wird. In diesem Falle muß der Vertrag zwischen der Gemeinde und der Vereinigung oder dem Grundbesitzer die Bestimmung enthalten, daß der Vereinigung oder dem Grundbesitzer das Recht zusteht, im Falle der Kündigung des Darlehens den noch nicht getilgten Rest desselben ganz oder teilweise entweder in barem Gelde oder in Rentenscheinen der entsprechenden Zinsgattung zum Nennwerte zurückzuzahlen.

§ 10.

Zur Beurteilung, ob die erbetene Darlehenssumme den Bestimmungen des Art. 15 Abs. 2 des Gesetzes entspricht, ist eine Kostenberechnung beizufügen, welche sowohl die Kosten für Grunderwerb als auch die Kosten für Bauausführung genau ersehen läßt.

§ 11.

Auf den nach Art. 15 Abs. 2 des Gesetzes sich berechnenden Betrag des Darlehens kommen die auf den Grundstücken etwa bereits ruhenden Hypotheken, Grund- und Rentenschulden, deren Valuta der Darlehenssucher auf den vollen Betrag der Kosten für Grunderwerb (und Bauausführung) bereits erhalten hat oder welche an diesem Betrage abgerechnet worden sind, in Abzug. Ausnahmen können in besonderen Fällen zugelassen werden.

§ 12.

Die darlehensuchenden Vereinigungen oder Grundbesitzer sollen die benötigten Darlehen bis zu dem zulässigen Höchstbetrage in der Regel zunächst bei öffentlichen Kreditanstalten (z. B. gemeindlichen Sparkassen) oder bei den Versicherungsanstalten aufzunehmen suchen; der Nachweis, daß solche Kreditquellen erfolglos um die Darlehensgewährung angegangen worden sind, ist beizubringen.

§ 13.

In den Gesuchen ist jeweils anzugeben, welche Tilgungsperiode und welche Tilgungsquote gewählt werden will (Art. 17, 18 Abs. 1 Ziff. 1 des Gesetzes).

Auf die Tilgung findet die Bestimmung in § 4 Buchst. a (s. oben) gleichmäßige Anwendung.

§ 14.

Soferne in besonders gelagerten Fällen die Ermäßigung des Tilgungszuschlages auf $^3/_4$ % oder aber die Herabsetzung des Zinsbetrages um $^1/_4$ % unter den Zinssatz der aus Anlaß der Darlehenshingabe ausgegebenen Landeskultur-Rentenscheine erbeten werden will, sind die zur Begründung der erbetenen Ausnahme in Betracht kommenden Verhältnisse eingehend darzulegen und mit den erforderlichen Nachweisen zu belegen.

§ 15.

Die oben in § 6 Buchst. b, c, d und e enthaltenen Vorschriften finden auch auf die nach §§ 8 ff. zu beleihenden Unternehmungen gleichmäßige Anwendung.

c) Auszug aus der Bekanntmachung des K. Staatsministeriums des Innern und des K. Staatsministeriums der Finanzen, die Landeskulturrentenanstalt betreffend, vom 18. Juli 1908.

Tabelle IV

zur

Berechnung der gutgemachten Tilgung für die mit 4 Prozent verzinslichen Darlehen.

Anleitung.

Der durch Entrichtung der Kulturrente während eines bestimmten Zeitraumes gutgemachte gesamte Tilgungsbetrag wird durch Multiplikation des jährlichen Tilgungsbetrages mit der betreffenden Verhältniszahl in Spalte 2 der Tabelle gefunden. Wird z. B. für ein Darlehen von 1200 ℳ eine jährliche Kulturrente von 100 ℳ, d. h. neben dem jährlichen Zins von 12×4 = 48 ℳ ein jährlicher Tilgungsbetrag von 52 ℳ (4,3333 .. %) entrichtet, so sind ausweislich der Tabelle beispielsweise nach 20 Halbjahren 52×12,148685 = 631,73 ℳ getilgt. Die Restschuldigkeit, durch deren Erlage das fragliche Darlehen zur angegebenen Zeit vollständig getilgt wird, beträgt sonach 568,27 ℳ.

Die Länge der Tilgungsperiode bei einer Kulturrente von bestimmter Höhe wird mit Hilfe der Spalte 3 der Tabelle aus dem Prozentverhältnis der Kulturrente zur ursprünglichen Darlehenssumme bestimmt. In dem obenangegebenen Beispiele wird dieses Prozentverhältnis durch die Zahl 8,333 . . (4,00 Zins und 4,333 . . Tilgung) ausgedrückt, welche zwischen den Zahlen 8,337806 und 8,163734, d. i. zwischen der 33. und 34. Zahl der Tabelle liegt. Am Ende des 33. Halbjahres berechnet sich der gesamte Tilgungsbetrag auf 23,055785×52 = 1198,90 ℳ; mithin ist am Schlusse des 34. Halbjahres nur noch ein Darlehensrest von 1,10 ℳ nebst halbjährigem Zins hieraus zu entrichten. Das Darlehen von 1200 ℳ wird sonach mittelst einer Kulturrente von 100 ℳ im Wege der ordentlichen Tilgung in 34 Halbjahren vollständig abgetragen.

Tabelle IV

zur Berechnung der gutgemachten Tilgung für die mit 4 Prozent verzinslichen Darlehen.

1.	2.		3.	
Abgelaufene Halbjahre	In der nebenangegebenen Zahl von Halbjahren ergibt ein jährlicher Tilgungsbetrag von 1 Mark eine Tilgung von		Um ein Darlehen in der nebenangegebenen Zahl von Halbjahren ohne Rest zu tilgen, ist eine Kulturrente erforderlich von	
	Mark		Prozent	
1	0	50 00 00	204	00 00 00
2	1	01 00 00	103	00 99 01
3	1	53 02 00	69	35 09 34
4	2	06 08 04	52	52 47 50
5	2	60 20 20	42	43 16 80
6	3	15 40 60	35	70 51 67
7	3	71 71 42	30	90 23 89
8	4	29 14 85	27	30 19 63
9	4	87 73 14	24	50 30 88
10	5	47 48 60	22	26 53 07
11	6	08 43 58	20	43 55 88
12	6	70 60 45	18	91 19 19
13	7	34 01 66	17	62 36 70
14	7	98 69 69	16	52 03 94
15	8	64 67 08	15	56 50 95
16	9	31 96 43	14	73 00 25
17	10	00 60 35	13	99 39 69
18	10	70 61 56	13	34 04 21
19	11	42 02 79	12	75 63 53
20	12	14 86 85	12	23 13 44
21	12	89 16 59	11	75 69 54
22	13	64 94 92	11	32 62 80
23	14	42 24 82	10	93 36 19
24	15	21 09 31	10	57 42 20

1.	2.		3.	
Abgelaufene Halbjahre	In der nebenangegebenen Zahl von Halbjahren ergibt ein jährlicher Tilgungsbetrag von 1 Mark eine Tilgung von		Um ein Darlehen in der nebenangegebenen Zahl von Halbjahren ohne Rest zu tilgen, ist eine Kulturrente erforderlich von	
	Mark		Prozent	
25	16	01 51 50	10	24 40 88
26	16	83 54 53	9	93 98 46
27	17	67 21 62	9	65 86 17
28	18	52 56 05	9	39 79 34
29	19	39 61 17	9	15 56 71
30	20	28 40 40	8	92 99 84
31	21	18 97 20	8	71 92 69
32	22	11 35 15	8	52 21 21
33	23	05 57 85	8	33 73 06
34	24	01 69 01	8	16 37 34
35	24	99 72 39	8	00 04 42
36	25	99 71 84	7	84 65 70
37	27	01 71 27	7	70 13 56
38	28	05 74 70	7	56 41 13
39	29	11 86 19	7	43 42 29
40	30	20 09 92	7	31 11 50
41	31	30 50 11	7	19 43 77
42	32	43 11 12	7	08 34 59
43	33	57 97 34	6	97 79 87
44	34	75 13 29	6	87 75 88
45	35	94 63 55	6	78 19 23
46	37	16 52 82	6	69 06 83
47	38	40 85 88	6	60 35 84
48	39	67 67 60	6	52 03 67
49	40	97 02 95	6	44 07 93
50	42	28 97 01	6	36 46 42
51	43	63 54 95	6	29 17 12

1.	2.		3.	
Abgelaufene Halbjahre	In der nebenangegebenen Zahl von Halbjahren ergibt ein jährlicher Tilgungsbetrag von 1 Mark eine Tilgung von		Um ein Darlehen in der nebenangegebenen Zahl von Halbjahren ohne Rest zu tilgen, ist eine Kulturrente erforderlich von	
	Mark		Prozent	
52	45	00 82 05	6	22 18 17
53	46	40 83 69	6	15 47 84
54	47	83 65 36	6	09 04 52
55	49	29 32 67	6	02 86 75
56	50	77 91 32	5	96 93 13
57	52	29 47 15	5	91 22 39
58	53	84 06 09	5	85 73 34
59	55	41 74 21	5	80 44 87
60	57	02 57 70	5	75 35 93
61	58	66 62 85	5	70 45 57
62	60	33 96 11	5	65 72 86
63	62	04 64 03	5	61 16 96
64	63	78 73 31	5	56 77 09
65	65	56 30 78	5	52 52 49
66	67	37 43 39	5	48 42 45
67	69	22 18 26	6	44 46 31
68	71	10 62 63	5	40 63 46
69	73	02 83 88	5	36 93 31
70	74	98 89 56	5	33 35 30
71	76	98 87 35	5	29 88 91
72	79	02 85 09	5	26 53 66
73	81	10 90 80	5	23 29 08
74	83	23 12 61	5	20 14 72
75	85	39 58 86	5	17 10 17
76	87	60 38 04	5	14 15 03
77	89	85 58 80	5	11 28 93
78	92	15 29 98	5	08 51 52

1.	2.		3.	
Abgelaufene Halbjahre	In der nebenangegebenen Zahl von Halbjahren ergibt ein jährlicher Tilgungsbetrag von 1 Mark eine Tilgung von		Um ein Darlehen in der nebenangegebenen Zahl von Halbjahren ohne Rest zu tilgen, ist eine Kulturrente erforderlich von	
	Mark		Prozent	
79	94	49 60 58	5	05 82 45
80	96	88 59 79	5	03 21 41
81	99	32 36 98	5	00 68 09
82	101	81 01 72	4	98 22 20
83	104	34 63 76	4	95 83 47
84	106	93 33 03	4	93 51 62
85	109	57 19 69	4	91 26 42
86	112	26 34 09	4	89 07 62
87	115	00 86 77	4	86 95 00
88	117	80 88 51	4	84 88 33
89	120	66 50 28	4	82 87 42
90	123	57 83 28	4	80 92 03
91	126	54 98 95	4	79 02 02
92	129	58 08 93	4	77 17 19
93	132	67 25 10	4	75 37 36
94	135	82 59 61	4	73 62 36

d) Ministerialentschließung vom 13. September 1901, Landeskultur-Rentenanstalt betr.

An die K. Staats-Schuldentilgungs-Kommission, die K. Regierungsfinanzkammern und Rentämter.

K. Staatsministerium der Finanzen.

Unter Bezugnahme auf die Bekanntmachung des K. Staatsministeriums des Innern vom 30. Mai vor. Jrs., die Redaktion des Gesetzes über die Landeskultur-Rentenanstalt betreffend (Ges.- u. Verordn.-Bl. 1900 S. 465 u. ff.), werden hiemit unter Genehmigung der von der K. Staats-Schulden-tilgungs-Kommission vorgelegten Entwürfe im Einverständnisse mit dem K. Staatsministerium des Innern die nachstehend im Abdrucke folgenden Instruktionen

I. über das Kasse- und Rechnungswesen der K. Grundrenten-Ablösungskasse als Landeskultur-Rentenkasse,

II. für die K. Rentämter zum Vollzuge des Gesetzes über die Landeskultur-Rentenanstalt in der Fassung der Bekanntmachung vom 30. Mai 1900

mit dem Bemerken erlassen, daß dieselben an Stelle der mit Entschließung vom 20. Mai 1897 (Fin.-Min.-Bl. S. 127) veröffentlichten Instruktionen zu treten haben.

München, den 13. September 1901.

In Vertretung:
Der K. Staatsrath:
von May.

Landeskultur-Rentenanstalt betr.

I. Instruktion über das Kasse- und Rechnungswesen der K. Grundrenten-Ablösungskasse als Landeskultur-Rentenkasse.

Nach dem Gesetze über die Landeskultur-Rentenanstalt in der Fassung der Bekanntmachung vom 30. Mai 1900 (Ges.- u. Verordn.-Bl. S. 465) bilden die Schuldverschreibungen, welche zum Zwecke der Beschaffung von Kapitalien zur Ausführung von Kulturunternehmungen ausgegeben werden (Landeskultur-Rentenscheine), eine besondere Staatsschuld, die von der Grundrenten-Ablösungskasse besonders nachzuweisen und mit dem Vermögen der Landeskultur-Rentenanstalt als besonderer Fond zu verwalten ist.

Zum Vollzuge dieses Gesetzes wird für die Behandlung des Kasse- und Rechnungswesens der Landeskultur-Rentenkasse nachstehende Instruktion erlassen.

§ 1.

Die Verwaltung der Landeskultur-Rentenkasse hat im allgemeinen nach den für die Kassen der Staats-Schuldentilgungs-Anstalt giltigen Bestimmungen zu geschehen.

Dies gilt namentlich auch in Bezug auf die Einlösung der Zinsscheine und die Umschreibung von Rentenscheinen auf den Namen bestimmter Berechtigter (Bekanntmachung der Staats-Schuldentilgungs-Kommission vom 23. November 1899, Fin.-Min.-Bl. S. 281).

Hinsichtlich der Kraftloserklärung von Rentenscheinen, der Verjährung der durch Verloosung bezw. Kündigung zur Heimzahlung bestimmten Rentenscheine und zur Zahlung verfallenen Zinsscheine, dann der Leistung für abhanden gekommene oder vernichtete Zinsscheine ꝛc. wird auf die Instruktion der Staats-Schuldentilgungs-Kommission vom 25. November 1899 verwiesen.

Die durch Nichterhebung und Verjährung von Zinsscheinen, dann von verlooßten oder gekündigten Rentenscheinen erzielten Summen kommen gemäß Art. 19 Abs. 3 des Gesetzes dem Reservefonds der Landeskultur-Rentenanstalt zu Gute.

Die einzelnen Geschäfte, insbesondere die Buch- und Kasseführung, die Rechnungsstellung, die Leitung und Respizienz des Buchhaltungsdienstes, sowie die Aufsicht und Leitung der übrigen Geschäfte sind in gleicher Weise, wie dies hinsichtlich der Grundrentenschuld bestimmt ist, zu führen.

Die Ausfertigungen der Kasse haben unter der Bezeichnung:

„K. Grundrenten-Ablösungskasse als Landeskultur-Rentenkasse“

und jene der Buchhaltung unter der Bezeichnung:

„Buchhaltung der K. Landeskultur-Rentenkasse“

zu erfolgen.

Die Landeskultur-Rentenkasse und die Buchhaltung führen Dienstsiegel, welche mit diesen Inschriften versehen sind.

§ 2.

Behufs vollständiger Trennung der Landeskultur-Rentenschuld von den Beständen der Grundrentenschuld oder anderer Fonds ist es nothwendig, daß nicht allein die sämmtlichen Einnahmen und Ausgaben in besonderen Journalen, wie Tage- und Hauptbuch, Kontroljournal, Einlösungs-Spezifikation rc. verbucht, sondern auch daß durch Eröffnung eines eigenen Geschäftsprotokolles die Ein- und Ausläufe getrennt behandelt, sowie die betreffenden Aktenprodukte ausgeschieden registriert und verwahrt werden.

§ 3.

Die bewilligten Darlehen werden von der Landeskultur-Rentenkommission bei der Grundrenten-Ablösungskasse als Landeskultur-Rentenkasse zur Auszahlung angewiesen.

Mit der Auszahlung der Darlehen darf erst nach Eintreffen der vollzogenen Schuldurkunden vorgegangen werden.

Werden hinsichtlich der Auszahlung von den Darlehensnehmern Anträge gestellt, welche eine Aenderung der bei der Darlehensbewilligung festgesetzten Bedingungen bezielen, so sind diese Anträge der Landeskultur-Rentenkommission zur Bescheidung vorzulegen.

Anträge auf Auszahlung von bewilligten Landeskultur-Rentendarlehen, welche so verspätet eintreffen, daß die Verrechnung des Darlehens nicht mehr für dasjenige Semester erfolgen kann, für welches der Beginn der Kulturrente im Schuldscheine festgesetzt ist, sind nicht schon wegen dieser Verspätung zurückzuweisen. Es ist vielmehr in solchen Fällen wegen des veränderten Beginns der Kulturrente die Erholung einer Nachtragserklärung zum Schuldscheine bei der Landeskultur-Rentenkommission in Anregung zu bringen.

§ 4.

Die Darlehen sind je nach dem Kursstande der Rentenscheine entweder in baarem Gelde oder in Schuldverschreibungen zum Nennwerthe zu gewähren.

Die Darlehenshingabe erfolgt in baarem Gelde nur dann, wenn die Rentenscheine über pari stehen und durch den Kursgewinn, welcher bei der Veräußerung der Rentenscheine erzielt wird, mindestens die Ausgaben für Provision und Reichsstempelabgabe gedeckt werden können.

Bei der Hingabe des Darlehens in Schuldverschreibungen sind die Stückzinsen hieraus vom letzten Verfalltermine der Zinsscheine bis zum Tage der Darlehenshingabe vom Darlehensnehmer sogleich einzuzahlen. Beantragt derselbe den Verkauf der Rentenscheine für seine Rechnung, so ist dieser Verkauf von der Landeskultur-Rentenkasse zu vermitteln. Ueber die dabei sich ergebenden Einnahmen und Ausgaben ist eine besondere Abrechnung zu fertigen und solche vom Darlehensnehmer anerkennen zu lassen.

Die erfolgten Darlehensauszahlungen sind der Landeskultur-Rentenkommission halbjährig anzuzeigen.

§ 5.

Hinsichtlich der Gewährung einer Provision für den Verkauf der Landeskultur-Rentenscheine wird auf die mit Kommissions-Entschließung vom 9. Juli 1884 Nr. 1000 in Abschrift mitgetheilte Finanzministerial-Entschließung vom 6. dess. Mts. Nr. 9492 hingewiesen.

§ 6.

Bei der Veräußerung und bezw. der Abgabe der Landeskultur-Rentenscheine bleibt die Wahl der Stücke unter Berücksichtigung der obwaltenden Verhältnisse und der Bedürfnisse des Geldmarktes dem Ermessen der Landeskultur-Rentenkasse überlassen.

§ 7.

Die in Schuldverschreibungen nicht begleichbaren Darlehensbeträge, welche stets in baarem Gelde geleistet werden müssen, sind aus den Mitteln des Tilgungsfonds zu entnehmen und, insolange dies wegen Mangels an solchen Einnahmen nicht möglich ist, bis zum seinerzeitigen Ersatze aus dem Verlagskapitale vorzuschießen.

Erreicht der Kursstand der Schuldverschreibungen den Nennwerth derselben nicht, so ist gemäß Art. 4 Abs. 2 des Gesetzes die Baarzahlung im Verhältniß dieser Differenz zu kürzen.

§ 8.

Ueber alle gewährten Darlehen ist ein Grundbuch, welches für jeden einzelnen Darlehensnehmer ein Partialheft zu enthalten hat, nach den der Instruktion I vom 20. Mai 1897 (Fin.-Min.-Bl. S. 139 ff.) beiliegenden Formularen Ziff. I—III anzulegen.

Wie der Eintrag in das Grundbuch und dessen Fortführung sich zu gestalten haben, läßt sich aus den in den Formularen behandelten Beispielen entnehmen. Als Grundlage für die Berechnung der durch Entrichtung der Kulturrente während eines bestimmten Zeitraumes bewirkten Kapitalsgutmachung (Tilgung) haben die von den Staatsministerien des Innern und der Finanzen hiefür bestimmten und im Gesetz- und Verordnungsblatt bekannt gegebenen Tabellen zu dienen.

§ 9.

Nach vollzogenem Eintrag eines Darlehens in das Grundbuch ist von dem betreffenden Partialheft eine Abschrift für das einschlägige Rentamt zu fertigen.

Soweit es sich um Kulturgenossenschaften handelt, sind für die Rentämter nur die Nebenhefte in Abschrift herzustellen.

Sämmtliche Veränderungen, welche im Grundbuche in Folge Kapitalsheimzahlung, Kürzung der Tilgungsperiode, Ablauf derselben oder Besitzveränderung zur Umschreibung gelangt sind, hat die Landeskultur-Rentenkasse in den Grundbuchsabschriften der Rentämter nachzutragen und zu diesem Zwecke die Grundbuchsabschriften, soweit sie ihr nicht mit den Besitzveränderungsanzeigen und Vertheilungsplänen übersendet werden, von den Rentämtern nach Bedarf einzufordern.

Der Landeskultur-Rentenkommission, welcher die Einsichtnahme der Grundbücher jederzeit freisteht, sind die Nummern, unter welchen die Darlehen in das Grundbuch eingetragen sind, gelegentlich der halbjährig zu erstattenden Anzeige über die geschehene Auszahlung der Darlehen bekannt zu geben.

Vollständige Auszüge aus dem evident gehaltenen Grundbuche sind auf besonderes Verlangen der betreffenden Regierungsfinanzkammer in Vorlage zu bringen.

§ 10.

Zu dem Grundbuche ist ein Index nach Formular IV zur Instruktion I vom 20. Mai 1897 (Fin.-Min.-Bl. S. 153) in chronologischer Ordnung herzustellen und evident zu halten.

§ 11.

Die Auszahlung der Darlehen an die Kulturunternehmer oder an die von denselben nach Mittheilung der instruirenden Distriktsverwaltungsbehörde zum Geldempfange aufgestellten Bevollmächtigten hat durch Vermittlung der Rentämter zu geschehen.

Für den von der Distriktsverwaltungsbehörde benannten Bevollmächtigten bedarf es der Vorlage einer Vollmachtsurkunde an die Landeskultur-Rentenkasse oder an das auszahlende Rentamt nicht; die Prüfung der bezüglichen Vollmachtserklärung obliegt der erstgenannten Behörde.

§ 12.

Die Kulturrenten kommen halbjährig am 1. Mai und am 1. November jeden Jahres zum Anfall und haben durch die Rentämter zur Einhebung zu gelangen.

Zu diesem Zwecke ist bis längstens 15. April und bezw. 15. Oktober jeden Jahres den einschlägigen Rentämtern ein nach Formular V zur Instruktion I vom 20. Mai 1897 (Fin.-Min.-Bl. S. 157) zu fertigendes, bei gehöriger Ergänzung für mehrere Termine verwendbares Einhebverzeichniß zuzusenden.

Die Rentämter haben die eingehobenen Kulturrenten längstens 3 Wochen nach Umfluß des Verfalltermines zur Ablieferung zu bringen und hiebei allenfalls eingetretene Besitzveränderungen unter Bezeichnung der bezüglichen Urkunde bekannt zu geben.

§ 13.

Kulturrenten, welche länger als 4 Wochen vom Verfalltage an im Ausstande sind, müssen mit 4 % vom Verfalle bis zum Zahltage verzinst werden.

Ueber den Anfall an derartigen Zinsen ist am Schlusse jeden Jahres ein Verzeichniß anzufertigen und dieses nebst den dazu gehörigen Belegen zur Prüfung und Einweisung vorzulegen.

§ 14.

Die Landeskultur-Rentenkasse hat die von den Rentämtern bei der Ablieferung der Kulturrenten überwiesenen Rückstände sofort in ein Verzeichniß aufzunehmen, in welchem das Datum der nachträglich erfolgenden Zahlung vorzumerken ist.

§ 15.

Die von den Rentämtern eingekommenen Schuldigkeiten sind durch Ausstellung von Lieferungsquittungen zu bescheinigen.

Am Schlusse des Rechnungsjahres ist vorschriftsmäßige Abrechnung zu pflegen und zu diesem Behufe von den Rentämtern ein Abrechnungsverzeichniß in duplo herzustellen, wovon das Original für das Rentamt, das Duplikat aber für die Landeskultur-Rentenkasse bestimmt ist.

§ 16.

Eine Kündigung des Darlehens kann sowohl von Seite der Landeskultur-Rentenkommission als von Seite des Schuldners erfolgen, und zwar seitens der ersteren ausnahmsweise nach Art. 5, seitens des letzteren jederzeit nach Art. 15 (jetzt 24) des Gesetzes.

Das Gleiche gilt hinsichtlich des Anspruchs auf Ablösung bestellter Reallasten. (Art. 8 Abs. 2 und Art. 15, jetzt 24 daselbst.)

In Fällen von Darlehenskündigungen der Landeskultur-Rentenkommission oder von Anforderungen derselben auf Ablösung einer Reallast ergeht von Seite der Kommission behufs Einzugs der heimzuzahlenden Summe entsprechende Mittheilung an die Landeskultur-Rentenkasse. Kündigungen von Schuldnern sind bei dem mit der Erhebung der Kulturrente betrauten Rentamte schriftlich oder zu Protokoll zu erklären. Das Rentamt hat den Tag des Einlaufs der schriftlich erklärten Kündigung festzustellen. Dem Schuldner ist Bescheinigung darüber mitzutheilen, daß und wann die Kündigung erfolgt sei. Die Kündigungen sind vom Rentamte sofort der Landeskultur-Rentenkasse zu übersenden.

Anträge von Darlehensschuldnern um Gewährung einer kürzeren als der im Gesetze vorgesehenen dreimonatlichen Kündigungsfrist sind von der Landeskultur-Rentenkasse mit gutachtlicher Aeußerung der Landeskultur-Rentenkommission vorzulegen.

§ 17.

Die in Folge einer Kündigung oder eines Antrages auf Ablösung von Reallasten erforderliche Berechnung der Darlehens-Restschuldigkeit ist nach Formular VI der Instruktion I vom 20. Mai 1897 (Fin.-Min.-Bl. S. 161) herzustellen und zu den Beilagen des Grundbuches zu nehmen.

Zu berücksichtigen ist nur, daß unter allen Umständen die Kulturrente für das laufende Halbjahr noch zur Zahlung verfällt und daher bei Festsetzung der Gesammtschuldigkeit eingerechnet werden muß.

Durch eine theilweise Heimzahlung bezw. Ablösung kann seitens des Schuldners die Abminderung des Kapitals und der Kulturrente herbeigeführt, ebenso aber auch nur die Abminderung des Darlehens allein beabsichtigt und dadurch die Kürzung der Tilgungsperiode bezweckt werden.

Bezüglich der Behandlung derartiger Fälle wird auf die im Grundbuchsauszugs-Formulare (Beilage I zur Instruktion I vom 20. Mai 1897 — Fin.-Min.-Bl. S. 139) enthaltenen Beispiele zur genauen Beachtung verwiesen.

Dem Schuldner steht es frei, den treffenden Kapitalsbetrag ganz oder theilweise entweder in baarem Gelde oder in Rentenscheinen der entsprechenden Zinsgattung zum Nennwerthe zu erlegen.

§ 18.

Von der Berechnung der Darlehens-Restschuldigkeit sind dem einschlägigen Rentamte mindestens 14 Tage vor Ablauf der Kündigungsfrist zwei Ausfertigungen zum Zwecke der Abrechnung mit dem Schuldner und Einhebung der gekündeten Kapitalsbeträge zu übersenden.

Das Rentamt hat eine dieser Ausfertigungen abzuquittiren und dem Zahlungspflichtigen auszuhändigen, die andere Ausfertigung aber von diesem unterschriftlich anerkennen zu lassen und mit der amtlichen Bestätigung über den Tag der Kapitalserlage versehen sammt dem eingehobenen Betrage an die Landeskultur-Rentenkasse zurückzuleiten.

Von der vollständigen Tilgung der Darlehen ist der Landeskultur-Rentenkommission halbjährig Anzeige zu erstatten.

§ 19.

Im vorletzten Halbjahre einer Tilgungsperiode hat die Landeskultur-Rentenkasse die Berechnung der am letzten Verfalltermine zu entrichtenden Kulturrenten-Restschuldigkeit nach Formular VII zur Instruktion I vom 20. Mai 1897 (Fin.-Min.-Bl. S. 163) herzustellen und zu den Beilagen des Grundbuchs zu nehmen. Von dieser Berechnung sind gleichfalls 2 Ausfertigungen herzustellen, wovon eine als Abrechnung dem Schuldner auszuhändigen, die andere aber von demselben unterschriftlich anerkennen zu lassen ist.

§ 20.

Bei Herstellung der Haupt- und Nebenrechnungen haben die früher genehmigten Formulare als Schema zu dienen.

Wie schon im Eingange bemerkt, ist das Rechnungs- und Kassewesen der Landeskultur-Rentenkasse im Allgemeinen nach den für die übrigen Kassen der Staats-Schuldentilgungs-Anstalt maßgebenden Bestimmungen zu behandeln und durchzuführen.

Einzelne Abweichungen, wie solche in den Exemplifikationen enthalten sind, gehen aus der Natur der Sache hervor und bedürfen deshalb keiner weiteren Erläuterung.

Welche der Nebenrechnungen mit ihren Belegen vor der Stellung der Hauptrechnung zur Revision und Festsetzung vorgelegt werden müssen, ist auf den betreffenden Formularien durch die Bemerkung

„Festgesetzt" oder „Vorgelegt"

angedeutet.

Soferne eine oder die andere der Nebenrechnungen in Ermanglung bezüglicher Einnahmen oder Ausgaben nicht erforderlich ist, genügt der Vortrag der betreffenden Nebenrechnung in dem Inhaltsverzeichniß mit einfachem Durchstrich der Rubriken: „Fol." und „Beleg-Nr.".

Eine Aenderung in der Reihenfolge und Bezifferung der Nebenrechnungen ist unstatthaft.

§ 21.

Die Hauptrechnung mit den Nebenrechnungen Ziff. I bis XVII haben einen Band zu bilden; die Nebenrechnungen Ziff. XVIII bis XXII sind gesondert binden zu lassen, wobei jedoch auch mehrere derselben in einen Band vereinigt werden können.

§ 22.

Das Rechnungsjahr ist identisch mit dem Kalenderjahr.

§ 23.

Die Nachweisung über die Zu- und Abgänge an Darlehenskapitalien und Kulturrenten pro II. Semester ist alljährlich mit dem 1. November abzuschließen und sind die in der Zeit vom 2. November mit 31. Dezember sich ergebenden Zu- und Abgänge für das nächstfolgende Jahr zu verrechnen. Demgemäß umfaßt die Nachweisung für das I. Semester die Zeit vom 2. November bis einschl. 1. Mai und die Nachweisung für das II. Semester die Zeit vom 2. Mai bis einschl. 1. November.

Um provisorische Verbuchungen zu vermeiden, hat die Eröffnung des Tag- und Hauptbuchs für das nächstfolgende Verwaltungsjahr am 2. November jeden Jahres zu geschehen.

§ 24.

Nach Art. 15 Abs. 1 und Art. 16 des Gesetzes können Rentenscheine zu ihrem Nennwerthe zur Zurückzahlung des Darlehens oder zur Ablösung der Reallast verwendet werden.

Die nach Ziff. III und V der Instruktion vom 21. April 1849 (vergl. Geret Band XXV S. 38 ff.) erlassenen Bestimmungen haben auch bei Behandlung der an Zahlungsstatt erlegten Rentenscheine entsprechende Beachtung zu finden.

§ 25.

Wenn auch die Verrechnung eines nach dem 1. November an Zahlungsstatt erlegten Rentenscheines erst im nächstfolgenden Jahre zu geschehen hat, so darf doch der später zur Zahlung verfallene Zinsschein pro 1. Dezember, falls er vor der Erlage abgetrennt wurde und auf dem gewöhnlichen Wege zur Einlösung gelangt, nicht mehr von der Buchhaltung übernommen und im Verzeichniß über die eingelösten Zinsscheine spezifizirt werden, sondern derselbe ist zur Deckung aus der geleisteten Zinsenkaution an die Kasse zurückzugeben.

Der in Folge dessen als Rückstand ausgewiesene Zinsschein ist in nächstjähriger Passivrechnung unter Hinweis auf die vollzogene Heimzahlung des Kapitals als Rechnungsberichtigung in Abgang zu führen.

Ein bei Erlage eines Rentenscheines an Zahlungsstatt hereinvergüteter Zins ist durch das Bordereau in Einnahme nachzuweisen.

§ 26.

Gemäß Art. 19 Abs. 3 des Gesetzes werden die zur Zahlung fälligen, aber nicht erhobenen und deshalb verjährten Kapitalien und Zinsen der Passivschuld, sowie die Zinsscheinkautionen dem Reservefond der Landeskultur-Rentenanstalt als Einnahmen zugewiesen.

Es sind deshalb diese Kapitalien und Zinsen in den betreffenden Nebenrechnungen nach eingetretener Verjährung nicht als Abgänge, sondern als Erfüllung zu behandeln und zur rechnerischen Durchführung diese Posten bei den einzelnen Positionen in Ausgabe, beim Reservefond aber in Einnahme nachzuweisen.

§ 27.

Die von den Kreiskassen, Banken und Bankhäusern eingelösten und zugerechneten Zinsscheine und Rentenscheine der Kulturrentenschuld sind in gleicher Weise wie die Zinsscheine und Schuldverschreibungen der übrigen Schuldgattungen zu behandeln.

§ 28.

Es ist Sorge zu tragen, daß die dem Reservefond zufließenden Einnahmen, soweit dies nur immer thunlich erscheint, zur verzinslichen Anlage gelangen und daß namentlich auch die für diesen Fond zum Anfalle kommenden Zinsen stets rechtzeitig zur Erhebung gebracht werden, damit auch diese wieder eine fruktifizirliche Verwendung finden können.

§ 29.

Die für die Rentämter erforderlichen Tagebücher sind von der Landeskultur-Rentenkasse nach vorheriger Paraphirung durch das Sekretariat der Staats-Schuldentilgungs-Kommission nach Bedarf gegen Bescheinigung zur Verfügung zu stellen.

§ 30.

Sämmtliche Formulare zu den Grundbüchern, Kassebüchern, Rechnungen, Hauptbuchsauszügen u. s. w. werden von der Regieverwaltung der Staats-Schuldentilgungs-Kommission abgegeben.

München, den 13. September 1901.

In Vertretung:

Der K. Staatsrath:

von May.

II. Instruktion für die K. Rentämter zum Vollzuge des Gesetzes über die Landeskultur-Rentenanstalt in der Fassung der Bekanntmachung vom 30. Mai 1900.

Nach Art. 14 des Gesetzes über die Landeskultur-Rentenanstalt in der Fassung der Bekanntmachung vom 30. Mai 1900 (Ges.- u. Verordn.-Bl. S. 465) werden die Kulturrenten durch die Rentämter eingehoben und steht denselben hiewegen das Vollstreckungsrecht zu. Auch hat gemäß §§ 11, 16 und 18 der Instruktion vom Heutigen über das Kasse- und Rechnungswesen der Grundrenten-Ablösungskasse als Landeskultur-Rentenkasse bei Auszahlung der bewilligten Darlehen und Heimzahlung derselben die Mitwirkung der Rentämter stattzufinden.

Mit Rücksicht hierauf wird hinsichtlich der Thätigkeit der Rentämter folgende Instruktion erlassen.

§ 1.

Die in der Instruktion über das Kasse- und Rechnungswesen der Grundrenten-Ablösungskasse als Landeskultur-Rentenkasse enthaltenen Vorschriften haben, soweit sie die Mitwirkung der Rentämter berühren, zur gleichmäßigen Nachachtung zu dienen.

§ 2.

Von der Grundrenten-Ablösungskasse als Landeskultur-Rentenkasse werden die bewilligten Darlehen nach Eintreffen der vollzogenen Schuldurkunden in baarem Gelde und bezw. in Rentenscheinen den Rentämtern behufs der Auszahlung an die Kulturunternehmer oder die von denselben nach Mittheilung der instruirenden Distriktsverwaltungsbehörde zum Geldempfange aufgestellten Bevollmächtigten gegen vorschriftsmäßige Bescheinigung übermittelt.

Allenfalls für die Auszahlung festgesetzte, von der Landeskultur-Rentenkasse bekannt zu gebende Termine sind von Seite der Rentämter bei Vermeidung eigener Haftbarkeit für etwaigen dadurch veranlaßten Zinsverlust genau zu beachten und einzuhalten.

Eine durch das Verschulden des Darlehensnehmers verspätete Auszahlung bleibt ohne Einfluß auf den für das Darlehen festgesetzten Termin des Zinslauf-Anfanges.

§ 3.

Die Rentämter erhalten über jedes gewährte Darlehen eine Abschrift des Grundbuch-Partialheftes und bei Genossenschaften Abschriften der einzelnen Grundbuchs-Nebenhefte zugefertigt.

Gelegentlich der halbjährigen Einhebung der Kulturrenten ist eine Vergleichung der im Grundbuche vorgetragenen Grundbesitzer und Besitzgegenstände mit dem Grundsteuer-Kataster vorzunehmen und jede Besitzveränderung unter Angabe der bezüglichen Urkunde der Landeskultur-Rentenkasse zur Anzeige zu bringen.

Ergibt sich aus der wahrgenommenen Besitzveränderung die Nothwendigkeit, Theildarlehen und beziehungsweise Theilrenten, welche bisher auf einem Besitz unausgeschieden hafteten, auf einzelne Theile desselben auszuscheiden, so hat das Rentamt mit dem einschlägigen Bezirksamte ins Benehmen zu treten, welches den Vertheilungsplan unter Benützung des mit Entschließung der Staatsministerien des Innern und der Finanzen vom 16. Juni 1897 Nr. 11385 (Fin.-Min.-Bl. S. 206) bekannt gegebenen Formulars entwerfen und gemäß Art. 13 des Gesetzes über die Bewässerungs- und Entwässerungs-Unternehmungen zum Zwecke der Bodenkultur vom 28. Mai 1852 (Ges.-Bl. S. 545)[1]) entweder ein gütliches Uebereinkommen der Betheiligten herbeiführen oder Entscheidung treffen wird.

Der also festgestellte Vertheilungsplan ist vom Rentamte zugleich mit der Besitzveränderungsanzeige der Landeskultur-Rentenkasse behufs Berichtigung des Grundbuchs zu übersenden.

Mit den diesbezüglichen Anzeigen und Vertheilungsplänen sind auch die Abschriften der einschlägigen Grundbuch-Partial- und Nebenhefte zum Zwecke des Nachtrags der vollzogenen Umschreibungen zu übergeben.

§ 4.

Die Kulturrenten werden halbjährig am 1. Mai und am 1. November jeden Jahres zur Zahlung fällig.

Die Einhebung hat durch die Rentämter auf Grund der ihnen seitens der Landeskultur-Rentenkasse zugehenden Verzeichnisse innerhalb längstens 3 Wochen nach Umfluß des Zahlungstermines zu geschehen.

§ 5.

Ueber die Einnahmen an Kulturrenten, Darlehensheimzahlungen und Ablösungsbeträgen, sowie über die Ausgaben,

---

[1]) Ersetzt durch das Wassergesetz vom 23. März 1907.

welche in der Regel nur in Lieferungen bestehen können, ist ein Journal nach bisherigem Formulare zu führen.

Das vom Sekretariate der Staats-Schuldentilgungs-Kommission paraphirte Journal wird von der Landeskultur-Rentenkasse gegen Bescheinigung abgegeben und hat zum Gebrauche für mehrere Jahre zu dienen.

§ 6.

Die Ablieferung der perzipirten Kulturrenten und eingehobenen Darlehensbeträge und Ablösungskapitalien hat längstens innerhalb 10 Tagen nach erfolgter Erlage zu geschehen und ist ein längeres Zurückbehalten von Einnahmen auch dann nicht gestattet, wenn von mehreren Pflichtigen der eine oder der andere noch im Rückstande verblieben sein sollte.

§ 7.

Die Beitreibung rückständiger Kulturrenten erfolgt nach Maßgabe der Bekanntmachungen vom 27. Dezember 1899 Nr. 29 534, die Vorschriften über die Beitreibung der Staatsgefälle betreffend, (Fin.-Min.-Bl. S. 355) und vom 17. Mai 1900 Nr. 11 393, die Vorschriften über die Beitreibung der Staatsgefälle, hier die Pfändung von Früchten und dem Betriebe der Landwirthschaft dienenden Gegenstände betreffend, (Fin.-Min.-Bl. S. 283).

Geräth ein Schuldner der Anstalt in Konkurs, so sind die Forderungen derselben mit Rücksicht auf den hiefür gemäß §§ 4 und 47 der Konkursordnung bestehendeu Anspruch auf abgesonderte Befriedigung im Konkursverfahren nicht anzumelden.

Die rechtliche Vertretung der Landeskultur-Rentenanstalt in den zwischen ihr und den Darlehensnehmern aus den bewilligten oder vollzogenen Darlehen entspringenden Rechtsverhältnissen ist nach Maßgabe des § 7 der Allerhöchsten Verordnung vom 4. Juni 1884, den Vollzug des Gesetzes über die Landeskultur-Rentenanstalt vom 21. April 1884 betreffend, (Ges.- u. Verordn.-Bl. S. 413) [1]) den Regierungsfinanzkammern übertragen, an welche die Rentämter gegebenen Falls zu berichten haben.

[1]) Ersetzt durch Verordnung vom 8. Februar 1911, abgedruckt oben S. 152 ff.

§ 8.

Aus den Kulturrenten, welche länger als vier Wochen vom Verfalltage an im Ausstande verbleiben, sind vier Prozent Verzugszinsen vom Verfalltage bis zum Zahltage zu berechnen und zur Einhebung und Ablieferung zu bringen.

§ 9.

Im Falle einer Kündigung oder eines Antrages auf Ablösung von Reallasten erhalten die Rentämter vor Umfluß der Kündigungsfrist von der Landeskultur-Rentenkasse zwei Ausfertigungen der Berechnung der Darlehens-Restschuldigkeit zur Abrechnung mit dem Schuldner und Einhebung des gekündigten Darlehens- bezw. Ablösungsbetrages zugesendet.

Eine dieser Ausfertigungen hat das Rentamt abzuquittiren und dem Zahlungspflichtigen auszuhändigen, während die andere Ausfertigung von dem letzteren unterschriftlich anerkennen zu lassen und, versehen mit der amtlichen Bestätigung über den Tag der Kapitalserlage, nebst dem eingehobenen Betrage und dem bezüglichen Grundbuchshefte ohne Verzug an die Landeskultur-Rentenkasse zurückzuleiten ist.

§ 10.

Bei Verwendung von Rentenscheinen — statt baar Geld — zu Zurückzahlungen und Ablösungen sind die in der Instruktion vom 21. April 1849 über den Verkehr mit der Grundrenten-Ablösungskasse unter Ziff. III und V getroffenen Bestimmungen (vergl. Geret Band XXV S. 38 ff.) gleichmäßig zu beachten.

§ 11.

Die Landeskultur-Rentenkasse stellt über die Lieferungen der Rentämter Gutmachungs-Quittungen aus.

Am Schlusse des Rechnungsjahres ist über die Gutmachung vorschriftsmäßige Abrechnung zu pflegen und zu diesem Behufe von den Rentämtern ein Abrechnungs-Verzeichniß — nach anliegendem Formulare — in duplo herzustellen, wovon das Original für das Rentamt, das Duplikat aber für die Landeskultur-Rentenkasse bestimmt ist.

§ 12.

Für die Perzeption der Kulturrenten und für Einhebung von Darlehens- bezw. Ablösungskapitalien wird den Rentamtmännern nach Maßgabe der Allerhöchsten Verordnungen vom 30. Mai 1872, die Bezüge der Rentbeamten betreffend, (Reggs.-Bl. 1872 S. 1353) und vom 31. Oktober 1882, die Funktions-Nebenbezüge der Rentbeamten im Regierungsbezirke der Pfalz betreffend, (Ges.- u. Verordn.-Bl. 1882 S. 563) eine Tantieme zu 1½ Prozent gewährt.

Der Betrag dieser Tantieme ist alljährlich an der Schlußlieferung zu kürzen und durch Anlage der vorschriftsmäßigen, auf die Grundrenten-Ablösungskasse als Landeskultur-Rentenkasse lautenden Quittung in Aufrechnung zu bringen.

§ 13.

Die eingelösten Zinsscheine der Kulturrentenschuld sind in gleicher Weise wie die Zinsscheine der übrigen Staatsschuld-Gattungen zu behandeln und der betreffenden Kreiskasse zuzurechnen.

Die Kreiskassen haben für die rechtzeitige Zurechnung an die Grundrenten-Ablösungskasse als Landeskultur-Rentenkasse zu sorgen.

§ 14.

Die Vermittlung der Einlösung von verlooſten oder gekündeten Rentenscheinen hat nach Anleitung der Instruktion vom 6. Februar 1860 (Geret Band XXXII[1] S. 100) zu geschehen.

§ 15.

Der Vollzug gegenwärtiger Anordnungen wird gelegentlich der Visitationen und Extraditionen der Rentämter durch die Regierungs-Kommissäre überwacht werden.

München, den 13. September 1901.

In Vertretung:

Der K. Staatsrath:

von May.

e) Bekanntmachung des K. Staatsministeriums des Innern vom 15. Januar 1917 Nr. 143 g 85.

(MABl. Kriegsbeilage S. 47.)

A. Die Ansiedlung nach dem bayerischen Ansiedlungsgesetz.

1. Das Gesetz vom 15. Juli 1916 (GVBl. S. 135) findet nur auf Kriegsbeschädigte, nicht auch auf Kriegerwitwen Anwendung.

Kriegskranke, insbesondere solche, deren Leiden nach dem Gutachten eines beamteten Arztes durch Beschäftigung im Freien gehoben oder gebessert werden kann, sind von der Ansiedlung nicht ausgeschlossen.

Im Gegensatz zum Kapitalabfindungsgesetz beschränkt sich das bayerische Ansiedlungsgesetz auf die Gewährung von Darlehen zur Ansiedlung in landwirtschaftlichen Betrieben oder zur Stärkung landwirtschaftlichen Besitzes.

2. Als Ansiedlung im Sinne des Art. 1 des Gesetzes gilt die Begründung oder der Erwerb selbständiger kleinbäuerlicher oder gärtnerischer Betriebe sowie die Stärkung solchen Besitzes. Dabei können auch Kriegsbeschädigte Berücksichtigung finden, die zugleich als Handwerker, Kleingewerbetreibende, Arbeiter, Angestellte usw. tätig sind.

Der landwirtschaftliche Besitz oder Betrieb braucht nicht in rein ländlicher Gegend gelegen zu sein. Auch Grundstücke in der Umgebung größerer Städte oder von Industrieorten können für die Siedlung in Betracht kommen, wenn im übrigen die Voraussetzungen der landwirtschaftlichen Ansiedlung erfüllt sind.

Unter die Maßnahmen zur „Stärkung landwirtschaftlichen Besitzes“ sind ähnlich wie nach den Ausführungsanweisungen zum Kapitalabfindungsgesetz insbesondere zu rechnen die Entschuldung oder die sonstige Verbesserung der Schuldverhältnisse des Grundstücks (z. B. die Umwandlung einer kündbaren Hypothek in eine unkündbare Abtragshypothek), der Aufbau oder die Wiederherstellung von Wohn- und Wirtschaftsgebäuden, die Vergrößerung leistungsunfähigen oder leistungsschwachen Grundbesitzes durch Zukauf geeigneter Landflächen, die Vervollständigung von wirtschaftlichem Inventar, die Ausführung von Meliorationen u. dgl.

Das Gesetz bestimmt in Art. 1 Abs. II, daß bei der Darlehensgewährung in der Regel nur Betriebe bis zu Größe von 5 Hektar berücksichtigt werden dürfen. Von dieser Regel darf in mäßigen Grenzen abgewichen werden, wenn nach dem Gutachten von Sachverständigen in der Ansiedlungsgegend der mittelbäuerliche Besitz die Regel bildet, oder wenn es sich um ein gut abgerundetes Anwesen handelt, bei dem eine Verkleinerung die Wirtschaftsführung beeinträchtigen oder das Fortkommen des Ansiedlers erschweren könnte.

3. Die Anträge auf Darlehensgewährung einschließlich jener auf Zuschüsse nach Art. 7 des Gesetzes sind bei den Kreisstellen der Kriegsbeschädigtenfürsorge anzubringen und in geeigneter Weise zu belegen. (Grundbuchauszug, Schätzungsgutachten, Baupläne usw.). Zuständig ist die Kreisstelle des Regierungsbezirkes, in dem der Kriegsbeschädigte seinen Wohnsitz oder in Ermangelung eines solchen seinen Aufenthalt hat. Die Kreisstelle legt den Antrag mit gutachtlicher Äußerung der Landeskultur-Rentenkommission vor, die im Bedarfsfalle ihrerseits mit der Landessiedlungsstelle (Buchstabe C) ins Benehmen tritt.

Der Begutachtung der Darlehensgewährung hat eine eingehende Prüfung der Frage vorauszugehen, ob der Gesuchsteller die zur Ansiedlung erforderlichen persönlichen Eigenschaften besitzt.

Die Kreisfürsorgestellen haben hierbei insbesondere auch die Verhandlungen zu berücksichtigen, die allenfalls bei der Berufsberatung des Kriegsbeschädigten erwachsen sind. Ferner werden der erfolgreiche Besuch einer landwirtschaftlichen Invalidenschule, die frühere Beschäftigung in der Landwirtschaft oder Gärtnerei, Zahl, Alter, Arbeitsfähigkeit und Berufsbildung der Familienmitglieder, vor allem der Frau, das Vorhandensein von Verwandten am Siedlungsort, die körperliche Leistungsfähigkeit des Kriegsbeschädigten, sowie die Vermögensverhältnisse angemessen zu berücksichtigen sein.

Kann die persönliche Eignung des Antragstellers als gegeben betrachtet werden, so hat die Kreisstelle den Kriegsbeschädigten weiter bei der Wahl eines passenden Anwesens zu beraten, soferne es sich um den Neuerwerb eines solchen handelt. Bei dieser Beratung kommt es darauf an, ob das ins Auge gefaßte Anwesen überhaupt für die Ansiedlung von Kriegsbeschädigten geeignet ist, und ob es insbesondere den Anforderungen entspricht, die im Interesse des jeweiligen Gesuchstellers noch besonders gestellt werden müssen. Die Kreisstelle wird sich in der Regel zur Beantwortung der ersteren Frage der Verzeichnisse geeigneter Anwesen bedienen, die von der Landessiedlungsstelle herausgegeben werden. Sofern ein Anwesen in Frage kommt, das von der Landessiedlungsstelle noch keiner Prüfung unterstellt wurde, wird sich die Kreisstelle erforderlichenfalls mit der Landessiedlungsstelle zu diesem Zwecke in Verbindung setzen. Die Kreisfürsorgestellen können die Prüfung dieser Fragen in geeigneten Fällen Bezirks- (Orts-) Fürsorgestellen übertragen.

Bei den Verhandlungen über den Erwerb eines Anwesens, sowie bei der Beschaffung der erforderlichen Geldmittel haben die Kreisstellen den Kriegsbeschädigten auf Ansuchen gleichfalls nach Möglichkeit an die Hand zu gehen.

4. Die Landeskultur-Rentenkommission bescheidet die Gesuche nach Art. 3 des Gesetzes über die Landeskultur-Rentenanstalt. Gesuche um Zuschüsse leitet sie mit ihrer Begutachtung an das K. Staatsministerium des Innern.

5. Bei der Überwachung der angemessenen Verwendung des Darlehens sollen die Landessiedlungsstelle, sowie die Kreisstellen für Kriegsbeschädigtenfürsorge mitwirken.

Die Landessiedlungsstelle verständigt die Landeskultur-Rentenkommission, falls ihr Wahrnehmungen bekannt werden, die zu einem Vorgehen nach Art. 6 des Ansiedlungsgesetzes Anlaß geben könnten.

6. Wenn der Darlehensnehmer einen Zuschuß nach Art. 7 des Gesetzes nachsucht, bemißt sich der Zinsfuß des Darlehens nach dem höchsten Zinssatze der jeweils herausgegebenen Landeskulturrentenscheine.

7. Zur Erleichterung des Vollzugs der Vorschriften werden von der Landessiedlungsstelle und von der Landeskulturrentenkommission Formblätter an die Kreisstellen der Kriegsbeschädigtenfürsorge hinausgegeben werden.

B. Die Ansiedlung nach dem Kapitalabfindungsgesetz.

8. Wegen der Ansiedlung nach dem Kapitalabfindungsgesetz wird auf das Reichsgesetz vom 3. Juli 1915, auf die

Bekanntmachung betr. die Ausführungsbestimmungen zum Gesetz über Kapitalabfindung an Stelle von Kriegsversorgung (Kapitalabfindungsgesetz) vom 8. Juli 1916 (RGBl. S. 684), sowie auf die bayerische Ausführungsanweisung hierzu vom 6. Dezember 1916 (MABl. Kriegsbeilage S. 1660) Bezug genommen.

C. Landessiedlungsstelle.

9. Zur Vorprüfung aller Ansiedlungsfragen sachlicher Natur zur Sammlung, Sichtung, Bekanntgabe von Anwesens- und Grundstücksangeboten, zur Herbeiführung eines gleichmäßigen Vollzugs der Ansiedlung durch die Fürsorgestellen, zur Behandlung von Fragen grundsätzlicher Art sowie zur Bearbeitung von Richtlinien und zur Förderung der Ansiedlung in Schrift und Wort wird eine „Landessiedlungsstelle" im K. Staatsministerium des Innern errichtet.

Inwieweit die Landessiedlungsstelle sich auch mit der Ansiedlung von Kriegsbeschädigten sowie von Kriegerwitwen im Rahmen des Kapitalabfindungsgesetzes zu befassen hat, ergibt sich aus den hierfür geltenden Bestimmungen.

Die Landessiedlungsstelle wird von einem Geschäftsführer unter Aufsicht des K. Staatsministeriums des Innern geleitet.

Der Landessiedlungsstelle steht ein Landessiedlungsausschuß zur Seite. Ihm gehören an:

1. die beteiligten Referenten der K. Staatsministerien,
2. der K. Zentralwohnungsinspektor,
3. ein Vertreter der Bayerischen Kriegsbeschädigtenfürsorge und des Bayerischen Landesausschusses der Krieger-Hinterbliebenenfürsorge,
4. ein Vertreter des Bayerischen Landwirtschaftsrats, der Bayerischen Zentraldarlehenskasse, der Landwirtschaftlichen Zentralgenossenschaft des Bayerischen Bauernvereins für Ein- und Verkauf in Regensburg, des Verbandes ländlicher Genossenschaften Raiffeisenscher Organisation in Nürnberg, der Mittelfränkischen Kreisdarlehenskasse in Ansbach, der Bayerischen Landwirtschaftsbank in München, der Pfälzischen Landwirtschaftsbank in Landau (Pfalz), des Verbandes ländlicher

Genossenschaften Raiffeisenscher Organisation in Ludwigshafen a. Rh., des Bayerischen Landesvereins zur Förderung des Wohnungswesens, des Verbandes bayerischer Baugenossenschaften, -Gesellschaften und -Vereine und des Bayerischen Baugenossenschaftskartells.

Im Bedarfsfalle können vom Staatsminister des Innern weitere Mitglieder berufen werden.

Der Vorsitzende wird vom Staatsminister des Innern bestimmt.

Die laufenden Geschäfte werden von der Landessiedlungsstelle geführt. Die Aufgaben der Landessiedlungsstelle und des Landessiedlungsausschusses werden durch eine Geschäftsordnung bestimmt.

10. Die Siedlungsstelle hat zur Ansiedlung von Kriegsbeschädigten geeignete ländliche und städtische Grundstücke und Anwesen zu ermitteln. Sie wird die bekanntgewordenen Grundstücke und Anwesen auf ihre Eignung weiter prüfen, und für Bekanntgabe der geeigneten Grundstücke und Anwesen Sorge tragen.

Die Prüfung hat sich vornehmlich zu erstrecken auf:

a) die Feststellung der Betriebsgröße,
b) die Wertermittlung,
c) die Belastung,
d) den Zustand des Anwesens in baulicher und betriebstechnischer Hinsicht,
e) die Ermittlung der Gründe des beabsichtigten Verkaufs,
f) die Feststellung der Vor- und Nachteile, die sich aus der besonderen Bewirtschaftung durch einen Kriegsbeschädigten ergeben,
g) die Höhe der für eine geordnete Wirtschaftsführung erforderlichen Betriebsmittel.

Erweist sich nach dieser sachlichen Prüfung das Besitztum zur Ansiedlung als geeignet, so ist es in das Verzeichnis der zur Ansiedlung geeigneten Anwesen einzutragen.

11. Die Tätigkeit der Landessiedlungsstelle und des Landessiedlungsausschusses beschränkt sich in der Hauptsache auf die Vermittlung des Erwerbes geeigneten Grundbesitzes. Ausnahmsweise wird jedoch in besonderen Fällen auch ein vorübergehender Eigenerwerb zum Zweck der weiteren Auf-

teilung und Instandsetzung in Betracht zu ziehen sein. Als Eigentümer kann in solchen Fällen bis auf weiteres der Bayer. Kriegsinvalidenfonds (e. V) eintreten.

In solchen Fällen ergibt sich für die Landessiedlungsstelle und für den Landessiedlungsausschuß noch die Mitwirkung bei folgenden weiteren Aufgaben:

a) Neubildung von landwirtschaftlichen Betrieben unter 5 Hektar (Neusiedlung Art. 2 des Bayer. Ansiedlungsgesetzes),
b) Neubildung vorstädtischer Kleinsiedlungen, namentlich auch die Schaffung geeigneter Wohnstätten,
c) Verkleinerung von Anwesen auf 5 Hektar und darunter, unter Wahrung einer lebensfähigen Betriebsgröße,
d) betriebstechnische Verbesserung mit Mängeln behafteter Betriebe,
e) zweckmäßige Vergrößerung von Zwergbetrieben,
f) Instandsetzung der Wohn- und Wirtschaftsgebäude sowie Verbesserung sonstiger Einrichtungen.

12. In allen Fällen der Ansiedlung von Kriegsbeschädigten ist besonderer Wert darauf zu legen, daß das wirtschaftliche Fortkommen des Ansiedlers dauernd gewährleistet ist und insbesondere die Belastung sich in angemessenen Grenzen hält.

München, den 15. Januar 1917.

Dr. von Brettreich.

f) Bekanntmachung des K. Staatsministeriums der Justiz vom 25. Juli 1917 Nr. 29401.

(JMBl. S. 70 ff.).

Zulässigkeit der Eintragung der Verschuldungsgrenze. **§ 1.**

Die Eintragung der Verschuldungsgrenze bei einem Grundstück ist nur zulässig, wenn auf dem Grundstück eine Hypothek für ein Darlehen der in Art. 1 des Gesetzes bestimmten Art eingetragen ist oder gleichzeitig eingetragen wird.

Prüfung der Voraussetzung. **§ 2.**

I Das Grundbuchamt prüft, ob die Voraussetzung für die Eintragung der Verschuldungsgrenze gegeben ist.

II Das Grundbuchamt ersucht die Landeskulturrentenkommission um Mitteilung des Betrags, bis zu welchem die Belastung zulässig ist, sofern nicht der Eigentümer selbst die Mitteilung der Landeskulturrentenkommission über den zulässigen Betrag vorlegt. Ist ein Notar mit der Beurkundung des Antrags betraut, so legt dieser die Mitteilung dem Grundbuchamte vor.

Fassung der Eintragung. **§ 3.**

Die Verschuldungsgrenze wird in der zweiten Abteilung des Grundbuchblatts mit den Worten:

> „Verschuldungsgrenze nach dem Gesetze vom 15. Juli 1916: ..... (Betrag in Worten und Ziffern) ..... Mark"

nach Maßgabe der Vorschriften in §§ 234 ff., 366, 367 der Dienstanweisung für die Grundbuchämter eingetragen. In der für die Anmerkungen bestimmten dritten Spalte wird das Stichwort „Verschuldungsgrenze!" eingetragen.

Eintragung der Verschuldungsgrenze bei einer Gesamthypothek.

§ 4.

I Ist für ein Darlehen der in Art. 1 des Gesetzes bestimmten Art eine Gesamthypothek eingetragen, so wird die Verschuldungsgrenze für jedes einzelne der Hypothek unterstellte Grundstück eingetragen.

II Sind die Grundstücke auf einem Grundbuchblatte zusammen vorgetragen, so wird die Eintragung zusammengefaßt mit den Worten:

„Verschuldungsgrenze nach dem Gesetze vom 15. Juli 1916 und zwar
für Pl.-Nr. . . . . Mark
für Pl.-Nr. . . . . Mark."

Eintragung einer gemeinsamen Verschuldungsgrenze für mehrere Grundstücke.

§ 5.

I Die Eintragung einer gemeinsamen Verschuldungsgrenze für mehrere Grundstücke ist nur durchführbar, wenn die Grundstücke eine rechtliche Einheit bilden, d. h. wenn entweder die mehreren Grundstücke im Sinne des § 890 Abs. 1 BGB. zu einem Grundstücke vereinigt oder einem Hauptgrundstücke die übrigen Grundstücke im Sinne des § 890 Abs. 2 BGB. als Bestandteil zugeschrieben werden. Für die Vereinigung oder die Zuschreibung sind die Vorschriften der §§ 314 ff., §§ 333 ff. GBDA. maßgebend.

II Wenn der Eigentümer nicht ausdrücklich die Zuschreibung im Sinne des § 890 Abs. 2 BGB. beantragt, gilt der Antrag auf Eintragung einer gemeinsamen Verschuldungsgrenze zugleich als Antrag auf Vereinigung der Grundstücke.

III Mehrere auf einem Grundbuchblatte zusammen vorgetragene Grundstücke werden als rechtliche Einheit auch dann angesehen, wenn sie als Gutskomplex unter der Herrschaft des bayerischen Hypothekengesetzes zum Zwecke der einheitlichen Belastung mit einer Hypothek auf einem Blatte vereinigt wurden.

Benachrichtigung der Landeskulturrentenkommission.

§ 6.

Außer den in § 55 der Grundbuchordnung bezeichneten Personen wird auch die Landeskulturrentenkommission von der Eintragung der Verschuldungsgrenze benachrichtigt (§§ 56, 111, 565 Abs. 2, 574, 576 der Dienstanweisung).

§ 7.

Berichtigung der Eintragung der Verschuldungsgrenze.

I Die eingetragene Verschuldungsgrenze kann auf Antrag des Eigentümers auf Grund einer Bestätigung der Landeskulturrentenkommission über den nunmehr zulässigen Betrag berichtigt werden.

II Die Berichtigung kann auch von der Landeskulturrentenkommission beantragt werden. Einer vorgängigen Anhörung des Grundstückseigentümers bedarf es nicht.

III Die Berichtigung geschieht nach Maßgabe der Vorschrift in § 289 der Dienstanweisung mit den Worten:

„Verschuldungsgrenze nunmehr ..... Mark."

In der dritten Spalte wird bei der bisherigen Eintragung auf die Berichtigung verwiesen, z. B.

„Neue Verschuldungsgrenze s. ......"

IV Durch die Berichtigung wird die Rechtswirksamkeit der schon eingetragenen Belastungen nicht berührt.

V Von der Berichtigung der Verschuldungsgrenze wird auch die Landeskulturrentenkommission benachrichtigt (vgl. § 6).

§ 8.

Belastung des Grundstücks nach Eintragung der Verschuldungsgrenze.

I Wird nach der Eintragung der Verschuldungsgrenze die Eintragung einer Hypothek, Grundschuld oder Rentenschuld oder einer beständigen oder für eine bestimmte Zeit zu entrichtenden, dem Betrage nach bestimmten (festen) Geldrente beantragt, so prüft das Grundbuchamt nach dem Inhalte des Grundbuchs und der Grundbuchanlagen, ob die beantragte Belastung nach der in Art. 11 des Gesetzes vorgeschriebenen Berechnung die eingetragene Verschuldungsgrenze übersteigt.

II Eigentümerhypotheken und Eigentümergrundschulden werden nach Art. 11 des Gesetzes wie Hypotheken und Grundschulden angerechnet.

III Die für eine unbestimmte Zeit, insbesondere die auf Lebenszeit zu entrichtenden Geldrenten aus einem Leibgeding, einer Leibzucht, einem Altenteil oder einem Auszuge werden nicht angerechnet.

§ 9.

I Wenn die einzutragende Belastung mit ihrem vollen Betrage die Verschuldungsgrenze überschreitet, so wird der Antrag auf Eintragung ohne weiteres zurückgewiesen.

II Wenn die einzutragende Belastung die Verschuldungsgrenze teilweise überschreitet oder wenn Zweifel darüber bestehen, so verfährt das Grundbuchamt nach § 18 GBO.

Belastung des Grundstücks mit einer Zwangs- od. Arresthypothek nach Eintragung der Verschuldungsgrenze.

§ 10.

I Wird die Eintragung einer Sicherungshypothek im Wege der Zwangsvollstreckung oder der Arrestvollziehung wegen einer Geldforderung beantragt, so prüft das Grundbuchamt, ob die Eintragung nicht nach Art. 10 Abs. 2 des Gesetzes ohne Rücksicht auf die Verschuldungsgrenze zulässig ist.

II Für die Eintragung genügt es, wenn ihre Voraussetzungen aus dem Schuldtitel ersichtlich oder in einer öffentlichen oder öffentlich beglaubigten Urkunde von dem Eigentümer anerkannt oder ihm gegenüber durch rechtskräftiges oder vorläufig vollstreckbares Urteil festgestellt sind.

§ 11.

I Gilt für die einzutragende Zwangs- oder Arresthypothek die Verschuldungsgrenze nicht (Art. 10 Abs. 2 des Ges.), so wird dies bei der Eintragung der Hypothek in der 3. Spalte mit den Worten

„Ohne Rücksicht auf die Verschuldungsgrenze!"

bemerkt.

II Gilt die Verschuldungsgrenze, so prüft das Grundbuchamt die Zulässigkeit der Belastung. Die Vorschriften der §§ 8, 9 finden Anwendung.

Loslösung eines mit der Verschuldungsgrenze belasteten Grundstücks oder Grundstücksteils.

§ 12.

Wird ein Grundstück oder ein Grundstücksteil vom Verbande der für die Landeskulturrentenanstalt eingetragenen

Hypothek freigegeben, so wird damit auch die Eintragung der Verschuldungsgrenze für dieses Grundstück oder diesen Grundstücksteil gegenstandslos.

Veräußerung des Grundstücks. **§ 13.**

I Durch eine Veräußerung des mit der Hypothek der Landeskulturrentenanstalt belasteten Grundbesitzes wird die Eintragung der Verschuldungsgrenze nicht berührt. Das gleiche gilt für den Fall der Vererbung.

II Wird der Grundbesitz im Zwangswege versteigert, so fällt die Verschuldungsgrenze weg.

Löschung der Verschuldungsgrenze. **§ 14.**

I Die Eintragung der Verschuldungsgrenze wird gelöscht

a) wenn die Hypothek der Landeskulturrentenanstalt nicht zur Entstehung gelangt oder erlischt, von Amts wegen,

b) wenn der Grundbesitz im Zwangswege versteigert wird, auf Ersuchen des Vollstreckungsgerichts,

c) in anderen Fällen nur, wenn der Eigentümer die Löschung beantragt und die Landeskulturrentenkommission die Löschung bewilligt.

II Für die Form der Löschung gelten die bestehenden Vorschriften.

Vorschriften für die Pfalz. **§ 15.**

I Die Vorschriften gelten entsprechend auch für die Grundbuchämter der Pfalz.

II Das in § 3 Satz 2 vorgeschriebene Stichwort „Verschuldungsgrenze" wird in den Grundbüchern der Pfalz auch in der 1. Abteilung des Grundbuchblatts in der Spalte für Anmerkungen mit roter Tinte bei dem Grundstück angebracht, für welches die Verschuldungsgrenze gilt. Bei dem Stichwort wird auf die entsprechende Eintragung in der 2. Abteilung verwiesen („Verschuldungsgrenze s. Abt. 2 Nr. . . .").

München, den 25. Juli 1917.

von Thelemann.

g) Gesuch

um ein Darlehen aus der Landeskultur-Rentenanstalt nach Maßgabe des Gesetzes über die Ansiedlung von Kriegsbeschädigten in der Landwirtschaft vom 15. Juli 1916 (GVBl. S. 135).

I. Gesuchsteller.

Vor- und Zuname: ....

Geburtstag: .... Bisheriger Beruf: ....

Sind Kenntnisse in der Landwirtschaft vorhanden? ....

Wohnort: ....-Straße Hs.-Nr. ....

Bezirksamt: ....

Name der Ehefrau oder Braut: ....

Geburtstag: .... Bisheriger Beruf: ....

Sind Kenntnisse in der Landwirtschaft vorhanden? ....

In welchem Güterstand leben die Gatten? ....

Zahl und Alter etwaiger Kinder: ....

Arbeiten sonstige Familienglieder in der Wirtschaft mit? ....

Gedenkt der Gesuchsteller daneben noch einen Nebenberuf auszuüben und welchen? . ...

Höhe der jährlichen Militärrente: . . . . Mark
(ohne Zulagen)

Kriegszulage: . . . . "

Verstümmelungszulage: . . . . "

Welcher Art ist die Kriegsbeschädigung? ....

Ist Antrag auf Kapitalabfindung gestellt? ....

Wenn nein, warum nicht? . . . .

Wurde eine solche bewilligt? . . . .

Wenn ja, in welcher Höhe? . . . . Mark

Zu welchem Verwendungszwecke? . . . .

(Auszug aus dem Bescheide der Militärbehörde ist beizulegen.)

II. Unternehmen.

Zweck des beantragten Darlehens: ....

....

a) Erwerb eines bestehenden Anwesens.

Bezeichnung des Anwesens, Hs.-Nr.: . . ..
Gemeinde: . . . .
Bezirksamt: . . . .
Regierungsbezirk: . . . .
Amtsgericht: . . . .
Rentamt: . . . .
Derzeitiger Eigentümer: . . . .
Größe des Anwesens: . . . .
Vorhandene Gebäude: . . . .

....

Schätzungswert des gesamten Anwesens: .... Mark
Höhe der Brandversicherung: . . . . "
Belastung: . . . . "
Kaufpreis: . . . . "
Zahlungsbedingungen: . . . .
Welche Veränderungen sollen an dem Anwesen vorgenommen werden? . . ..
Welche Kosten sind hiefür aufzuwenden? ....
(Kostenvoranschlag.)
Welche Werterhöhung wird das Anwesen hiedurch erfahren? . . . .
(Schätzungsgutachten.)

b) Neuerrichtung eines Anwesens.

Größe und Kulturart des zu erwerbenden Grundbesitzes: . . . .
Lage des Grundbesitzes:
Gemeinde: . . . .
Bezirksamt: . . . .

Regierungsbezirk: . . . .

Amtsgericht: . . . .

Rentamt: . . . .

Derzeitiger Eigentümer: . . . .

Schätzungswert: . . . . Mark

Belastung: . . . . „

Grunderwerbskosten: . . . . „

Zahlungsbedingungen: . . . .

Zu errichtende Bauten: . . . .

....

Kosten der Bauvornahme: . . . . Mark
(Kostenvoranschlag)

Zu beschaffendes Inventar: . . . .

....

Kosten hiefür: . . . . Mark

Schätzungswert des fertigen Anwesens: . ... „
(Schätzungsgutachten)

c) Stärkung eines dem Gesuchsteller gehörigen Anwesens.

Bezeichnung des Anwesens:

Gemeinde: . . . .

Straße, Nr.: . . . .

Bezirksamt: . . . .

Regierungsbezirk: . . . .

Amtsgericht: . . . .

Rentamt: . . . .

Größe des Anwesens: . . . .

Schätzungswert: . . . . Mark

Brandversicherung: . . . . „

Belastung: . . . . „

Welche Stärkungsmaßnahmen sind beabsichtigt? ....

....

Kosten: . . . . Mark
(Kostenvoranschlag)

Zu erwartende Werterhöhung: . . . . „
(Schätzungsgutachten)

III. Darlehen.

Wie groß ist der gesamte Ansiedlungsgeldbedarf? . . . . Mark

Wieviel wird hievon durch die Kapitalabfindung gedeckt? . . . . „

Wieviel kann Antragsteller von anderen Geldgebern (Banken, Genossenschaften usw.) erhalten und zu welchen Bedingungen? . . . . „

Welchen Betrag benötigt er darnach noch von der Landeskultur-Rentenanstalt? .... Mark

In welcher Weise (an wen und wann) soll die Auszahlung erfolgen? . . . .

Wird ein Staatszuschuß zur Ergänzung des bei der Aufnahme des Landeskultur-Rentendarlehens erzielten Betrages auf den Nennbetrag erbeten? ....

Nachgesuchte Tilgungsperiode: . . . .

IV. Sicherheitsbestellung.

Soll Hypothek bestellt werden?[1]. . . . .

Sicherheit soll geleistet werden mit nebengenanntem Grundbesitze: . . . .

(anzugeben sind die Steuergemeinde, die Gebäude mit der Brandversicherungssumme, die zu verpfändenden Grundstücke nach Plan-Nr., Fläche, Kulturart — ob Wiesen, Feld usw. — Nutzungsrechte und Steuerverhältniszahl, dann der durch die Schätzung ermittelte Wert dieser Grundstücke, eventuell sonstige Anhaltspunkte hierüber). ....

Katasterauszug ist beizufügen. ....

---

[1] Vgl. Bem. 1 zu Art. 4 S. 65.

Anführung der auf dem zu verpfändenden Grundbesitze lastenden Hypothek-, Grund- oder Rentenschulden, Nutzungsrechte.[2])

Name und Wohnort der Gläubiger	Höhe der Forderung	Zinsfuß	Sind es Tilgungs-hypotheken?	Wie weit schon getilgt?	Tilgungs-quote	Kündbarkeit

Grundbuchsauszug ist beizufügen.

Ist der Antragsteller mit der Eintragung einer Verschuldungsgrenze einverstanden? . . . .

[3])Wert des Anwesens: . . . . Mark

Schätzer (Name, Stand): . . . .

Hat die oberste Militärverwaltungsbehörde die Weiterveräußerung oder Belastung des Anwesens beschränkt? . . . .

Wenn ja, durch welche Maßnahmen? ....

Verlangt die oberste Militärbehörde die Eintragung einer Sicherheitshypothek zur Sicherung der Rückzahlung der Abfindungssumme?[4]) . . . .

[2]) Diese Anführung dürfte angesichts des beizufügenden Grundbuchauszugs überflüssig sein, wäre in ihrer Unvollständigkeit übrigens auch ungenügend.

[3]) Was diese Frage an dieser Stelle bezweckt, ist nicht zu ersehen. Für die VGr. genügen die früheren Fragen.

[4]) Wichtig wäre auch die Angabe, welcher Rang für diese Sicherungshypothek verlangt wird!

Sonstige Bemerkungen des Gesuchstellers.

....

....

Unterschrift des Gesuchstellers.

....

Vorgelegt der Kreisstelle für Kriegsbeschädigtenfürsorge bei der K. Regierung von ...... K. d. J., mit dem Beifügen, daß ....

....

....

....

.........................., den .... 19....

K. Bezirksamt ....
(Kriegsbeschädigtenfürsorge)

Weitergeleitet an die K. Landeskultur-Rentenkommission im K. Staatsministerium des Innern in München mit dem Bemerken, daß ....

....

....

.........................., den .... 19....

K. Regierung von .... **K. d. Innern.**
(Kriegsbeschädigtenfürsorge.)

Sachregister.

(Die Zahlen bedeuten die Seiten.)

H.

P.

Q.

R.

S.

T.

U.

W.

Z.

FSC
www.fsc.org
MIX
Papier | Fördert
gute Waldnutzung
FSC® C083411

Kolibri 360 GmbH
Ferdinand-Jühlke-Straße 7
99095 Erfurt, Deutschland
produktsicherheit@kolibri360.de